인문을 품은 자연

鹿鳴軒 見賢旅行

글 사진 정영석

록명헌

서문

자연의 아름다움은 절로 아름다운 것이 아니라 사람으로 인하여 드러난다(美不自美因人而彰). 자연도 인문의 향기가 스며야 울림을 준다는 말이다.

소세양은 송순이 만든 정자 면앙정(俛仰亭)에 와서 "산과 물은 무정하여 반드시 사람을 만나 드러난다. 산음(山陰)의 난정(蘭亭)이나 황주(黃州)의 적벽(赤壁)도 왕희지(王羲之)와 소동파(蘇東坡)의 붓이 없었더라면 한산하고 적막한 물가에 지나지 않았을 것이다."고 반문했다. 중국 사오싱(紹興)에 있는 난정을 가 보니 과연 그러했다.

내가 견현사재(見賢思齋)할 곳을 찾아 여행하는 이유는 선현(先賢)들의 발자취를 살펴 새 길을 만들어 알리고 싶었기 때문이다. 록명헌을 부산역과 크루즈 터미널이 맞물린 곳에 만든 이유이기도 하다.

정 영 석

CONTENTS

01　백세청풍 일두 고택　　　　　　　　　006

02　양동마을과 동강서원　　　　　　　　016

03　회재 독락당과 옥산서원　　　　　　　026

04　도산서당 학봉종택 임청각　　　　　　032

05　단하통천길 봉평신라비 홍패　　　　　040

06　직지사 수미산방 방초정　　　　　　　046

07　이마리(伊万里)의 조선도공들　　　　　052

08　대마도와 조선통신사 문위행　　　　　058

09　조선통신사 종착지 도쿄 동본원사　　 068

10　메이지유신 태동지 하기(萩)　　　　　076

11　송광사 대원사 가는길　　　　　　　　082

12　미황사와 대흥사　　　　　　　　　　090

13　화엄사 남원 만복사저포기　　　　　　098

14　고려 임시수도 옥주 진도　　　　　　 106

15	단양 신라적성비와 온달산성	114
16	열하일기 심양(盛京)	120
17	열하일기 산해관(山海關)	124
18	열하일기 열하 청더(承德)	132
19	무이구곡과 무이정사(武夷精舍)	134
20	흉노족 훈족 몽골	144
21	울란바타르와 이태준기념관	148
22	영덕이 숨겨놓은 전통문화	156
23	포항 분옥정과 용계정	164
24	성북동 길상사 심우장 수연산방	174
25	박태준기념관과 반구대 천전리 벽화	180
26	조각 건축 자연의 만남 뮤지엄산(SAN)	190
	범어사의 국보와 보물	202

01 백세청풍 일두고택   2023.5.23.

　　함양초등학교에 있는 5백년된 학사루 느티나무에 인사 부터 드리고 개평마을 일두(一蠹) 고택으로 향했다. 20년전 부터 여러차례 다녔으나 오늘은 깊이가 다르게 다가 온다.

나는 국록을 먹는 한마리의 좀에 지나지 않는다며 '좀두(蠹)'자를 넣은 겸손한 호를 쓰신 것으로 전해 들었는데, "태어나 세상에 보탬이 되는 일을 하겠다 그렇지 않으면 천지간에 좀 밖에 되지 않는다(天地間一蠹)"는 의지를 담은 것이라 한다. 동방5현 중의 한분인 일두 정여창 선생을 기리는 남계서원(灆溪書院)은 소수서원에 이은 우리나라 두번째 서원으로 세계문화유산이다.

일두고택은 대문밖에 깔려있는 박석(薄石) 부터 예사롭지 않다. 물 빠짐은 물론 보행감도 좋고 걸음걸이 소리만 들어도 누군인지를 짐작할 수 있어 손님맞이에도 좋단다.

오늘은 인근에 밥집들도 쉬는날이라 찾는이가 거의 없어 좋다. 이렇게 방문객이 적은 날에는 사랑채 아래 창고 문 부터 열어 보고 싶었다. 빠듯이 닿힌 문을 도둑질 하듯 빼꿈이 열고 들어가 원하던 남근석 사진을 운좋게 찍고 나오니 관리 하시는 분이 다가 온다. 송구하다 말씀 드리니 그걸 어떻게 알았냐며 안채, 대청마루, 곳간, 사당, 침모방(?), 사랑채, 안사랑채를 세세하게 안내 하신다. 호사를 누린 것이다.

뒷방 늙은이로 물러난 시어머니 처소인 안 사랑채에서는 곳간 출입이 자유롭지 못하도록 며느리가 열어 주어야만 문이 열리도록 되어 있으나, 사랑채에 있는 아들 바라 보기에는 좋은 곳에 위치해 있다. 이곳 청마루에 앉으니 오른쪽에는 사랑채가 왼쪽에는 석가산이 보여 참으로 편안했다.

안방 마님이 미닫이 문만 열면 방안에서 집안 곳곳을 살필수 있도록 설계되어 식솔 통솔하기가 수월하고, 식솔들 각각의 생활공간도 효율적으로 배치하여 구성된 귀한 고택을 혼자서 원하는 대로 안내받은 운수 좋은날 이었다.

일두고택 사랑채 충효절의, 문헌세가 현액과 대원군이 썼다고 알려진 백세청풍 현액이 걸려있고 앞마당에는 석가산(石假山)이 조성되어 있다.

문에 걸린 5개의 충신, 효자 정려문

혼탁한 마음을 깨끗이 한다는 사랑채 탁청재
마루 아래 창고에 남근석이 숨겨져 있다.

집 들목에 깔린 박석
물 빠짐, 촉감이 좋고 굽소리가 들려 누가 드나드는지 알기가 쉽단다.

사랑채 병풍을 젖히면 침모 방으로 들어가는 작은 쪽문(우측)이 있다. 침모방에는 뒤뜰로 드나들 수 있는 문이 따로 나 있다.

사랑채 뒷쪽 시어머니 처소인 안 사랑채 사랑채에 있는 아들 보기는 쉬우나 곳간 쪽 문은 며느리가 안채에서 열어주어야만 들어 갈 수 있다.

안방 앞에 대문과 행랑채 우물이 있어 내왕인들의 동정을 쉽게 살필수 있다.

안방 앞 마당에 신발 벗는 댓돌과
신발 터는 돌(위)이 따로 있다.

안방 중간에 미닫이 문을 두어 마님 처소와 하인 처소가 나뉜다.
마님 처소 쪽에는 부엌과 통하는 문이 나 있고 방문을 열면 앞에 있는
행랑채는 물론 왼편 멀리 사랑채도 살필 수 있도록 설계되어 있다.

안방 중 하인이 쓰는 공간 대청마루로 나갈 수있는 문이 나있다.
마님의 시중도 들고 대청마루로 나가
일하기 쉽도록 배치되어 있다.

남계서원 정문 격인 풍영루

최초 전학후묘(前學後廟) 서원이며 우리나라에서 두번째 설립된 남계서원

강학공간 명성당 뒤쪽에
배치된 사당

02 양동마을과 동강서원

2023.3.18.

    6백년 지켜온 한국 최고(最古)의 양동 한옥마을을 제대로 둘러보고 오리라. 먼저 입향조 손소(孫昭)(1443-1484) 선생이 사셨던 송첨종택 서백당(書百堂)을 찾았다. 하루에 참을 인(忍) 자 백번을 쓰며 인내하며 살아야 한다 다짐한 의미를 되새겨 본다. 운좋게 들린 안채는 종택 규모에 비해 너무도 소박하다. 마당엔 손소 선생이 심었다는 6백년 향나무가 후손들의 향도가 되어 아직도 당당하게 버티고 서 지켜보고 있었다.

    손소의 영정을 모시고 있는 손중돈의 관가정(觀稼亭)은 안강평야 넓은 들녘을 한눈에 내려 볼 수 있는 곳에 위치하여 경관이 빼어나다. 대문이 사랑채와 연결되어 있는데다 통풍을 고려한 구조는 후학들의 좋은 건축 교재가 되고 있다.

송첨고택 사랑채인 서백당

아버지 뜻을 잘 이어받은 아들 손중돈(孫仲暾)(1463-1529)은 김종직의 문인인데 이조판서 대사헌을 거친 청백리로 인근 동강서원에 향사되어 있다. 그는 옥산서원에 향사되어 있는 동방5현 회재 이언적(어머님이 손소의 딸)을 가르친 것으로도 유명하다.

남자가 여자 집에 장가간다는 처가입향(妻家入鄕)의 대표적 사례가 손씨 집안에 장가든 이언적의 종택 무첨당(無忝堂)일 거다. 이 집은 현재 17대 종손 이지락 선생이 살고 있다. 대원군이 둘러보고 남긴 좌해금서(左海琴書) 즉 영남 최고의 거문고와 책들이 있는 집이란 현판이 홍유(鴻儒)의 집안임을 알려주고 있다.

국사에 바쁜 형님을 대신해 집안에 남아 모친을 봉양하는 효심을 칭송해 문중에서 지어 주었다는 회재의 동생 이언괄의 집 심수정(心水亭)은 누마루가 종가인 무첨당과 향단을 바라볼수 있게 ㄱ자로 지어져 있다. 회재 선생이 어머님의 마지막 모습을 지키겠다며 낙향하자 왕이 거처할 곳을 마련해 준 곳이 향단(香檀)이고 그 집을 어머님 돌보는 동생에게 주었다는 등 참 향기나는 가문의 이야기를 간직하고 있는 곳이다.

유네스코도 알아보고 2010년 세계문화유산에 등재 시키고 2012년에는 지속가능발전 정신구현 세계 26개 사례 중 하나로 선정했다. 이제 영국 챨스 국왕이 왕세자 시절 찾았다는 이야기는 여담이 되었다.

마을 뒤 설창산에서 산등성이가 뻗어내려 네 줄기로 갈라지고 그 등선과 골짜기가 물(勿) 자형 지세를 이루고 있는데다 앞산이 문장봉이라 학자들이 많이 난다고 한다. 양반 가옥은 높은 지대에 있고 하인들은 낮은 지대에서 양반 가옥을 애워싸고 있는 형태이나 지금은 아래가 식당과 숙소가 되어 관광객을 맞고 있다.

오랫만에 어릴적 시골에서 보았던 아름다운 봄꽃들을 한껏 만났다.

입향조 손소 선생이 1459년에 새집 기념으로 심은 송첨고택 향나무

손중돈의 관가정 손 소의 아들인 그의 집은 안강평야가 내려다 보이고 손 소의 영정이 모셔져 있는데다 어느 한 곳 허투루 만 들어진 곳이 없다. 잘 지킨 나무에도 명가의 자부심이 묻어난다.

손중돈의 집 관가정 안채는 통풍과 난방이 잘되는 구조로 건축학적 가치가 크다. 정교하면서도 예술적으로 잘 만들어져 조선 중기 주택 연구에 소중한 문화재이다. 나무들도 수형과 수령이 예사롭지 않다.

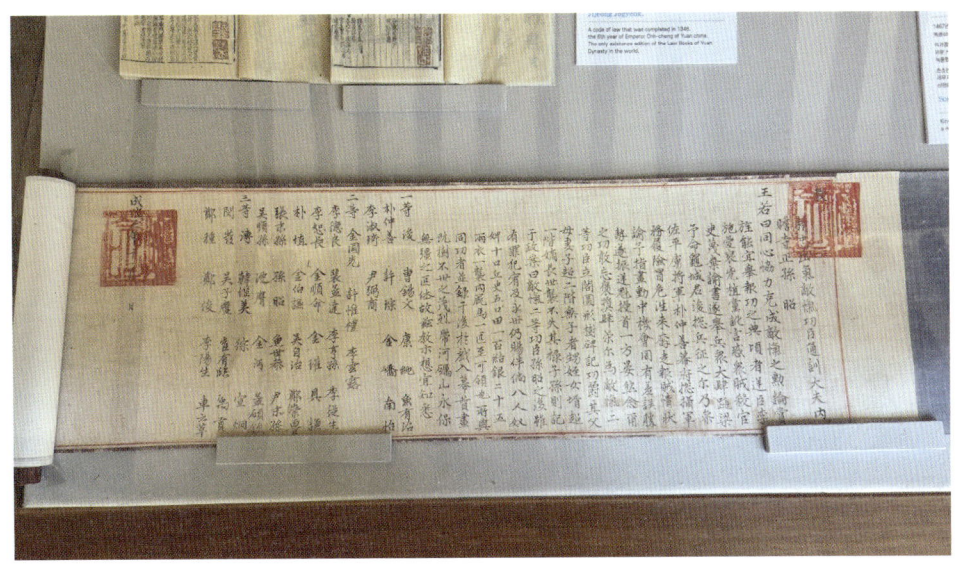

양동마을에 세거해 온 입향조 손소(孫昭, 1433~1484)가 이시애의 난 평정 공로로 하사받은 적개공신교서(敵愾功臣敎書). 보물이다.

손중돈이 향사된 강동면 동강서원

회재 이언적 종택 무첨당에 붙어있는 좌해금서(대원군), 물애서옥 편액.
무첨당은 이언적 장손의 호인데 조상에 부끄럼 없이 살겠다는 뜻이다.

중종이 회재에게 어머님의 마지막을
지킬수 있도록 하사한 집 향단

회재 대신 어머님을 봉양하는 이언괄에게 문중에서 지어 주었다는 심수정과 누마루.
누마루에서 종택 무첨당과 어머님 계신 향단이 내려다 보인다. 이언괄의 마음이 읽힌다.

양동마을 송첨고택 향나무

03 회재 독락당과 옥산서원   2025.1.29.

자옥산 바라보며 서원길로 들어서자 노송들이 허리 숙여 인사하고 세심마을 노목들은 경건하라며 키 낮추어 귀띔한다. 명승으로 지정된 너럭바위에 세겨진 세심대(洗心臺)와 폭포 암벽에 새겨진 용추(龍湫) 글씨가 퇴계 이황 필체인 것만 보더라도 격이 다르다. 옥산서원과 연륜을 같이하는 5백년 은행나무 찾아가 먼저 인사하고 역락문(亦樂門) 안으로 들어갔다. 추사가 쓴 옥산서원 현판을 마주하며 강학공간 구인당(求仁堂)을 들여다 보니 저절로 경건해진다. 추사도 반듯한 필체로 대 유학자를 기리는 서원에 대한 예를 갖추었다. 명필 아계 이산해의 옥산서원 편액은 대청마루 안쪽으로 숨겼다.

구인당을 마주하는 무변루(無邊樓)는 한국의 서원 가운데 맨 처음 지은 누마루 건축물로 1572년 옥산서원 창건때 지어진 보물이다. 서원 가운데 가장 치열하게 학문했던 분위기가 확 느껴진다.

이언적 선생의 위패를 모시고 있는 체인묘 왼편에 선생의 신도비가 있는데 기대승이 짓고 이산해가 쓴 것으로 붉게 서각한 15자에 얽힌 고사가 길다. 을사사화를 일으킨 이기(李芑)가 회재선생이 올린 충언 '서계10조'를 세자(인종)에게 아첨하여 중종의 수족을 묶으려 한 것이라 모함하여 회재를 물러나게 했다고 붉게 적어 놓은 것이다. 회재는 이후 복직했으나 1547년 윤형원과 이기 일파가 조작한 양재역 벽서사건에 무고하게 연루 탄핵되어 평안북도 강계로 유배간 6년 후 1553년에 유배지에서 졸(卒)한다.

이기(李芑) 형의 증손자 이안눌이 경주부윤으로 부임해오며 먼저 회재 신도비를 배알하려 하자 회제 후손들이 막아선다. 조선의 이태백으로 불리던 그도 깊은 사과를 하고 다시 청하였으나 처음엔 붉게 서각된 15자를 흰 천으로 가리고 보였다. 독락당 앞 마을 광장에 있는 무금정(無禁亭)은 원래 띠풀 지붕 이었으나 이안눌이 새로 짓고 소동파의 적벽부에서 따온 '세상의 영욕을 잊고 자연을 벗 삼아 돈독히 살자'는 의미의 무금정 현판을 달고서야 화해했다 한다.

추사가 제주로 유배 가기 전에 쓴 옥산서원 편액 서원의 위상에 걸맞는 경건한 서체이다. 뒷편에 아계 이산해의 편액이 걸려있다. 강당에 걸린 구인당은 한석봉이 썼다.

이언적은 주자를 사표로 삼아 아호를 회재라 하였는데 주희의 호 회암(晦菴)에 따른 것이라고 한다. 인종이 세자일때 가르쳤고 중종 때 사간원 사간으로 김안로의 등용을 반대하다 탄핵 파직되어 1532년 독락당으로 들어와 중앙 정치에 복귀할 때 까지 7년을 지낸다. 그는 이(理)는 인간의 이성과 덕성을 말하고 기(氣)는 인간의 행동과 희노애락의 감정을 나타내며 이와 덕으로서 희노애락의 감정을 통제하고 수양해야 하다고 주장하였다. 성리학의 기틀을 닦은 뛰어난 성리학자로 퇴계 이황에게 많은 영향을 준 분이다.

1572년 경주부윤 이제민이 독락당 가까운 곳에 옥산서원을 세우자 선조가 옥산서원을 사액했고 아계 이산해가 편액을 썼다. 화재로 소실되자 1839년 헌종이 다시 사액했고 추사 김정희가 편액을 썼다. 수많은 유학자들이 글을 남겨 명필의 향연장이 된 이곳을 UNESCO도 알아보고 2010년에는 인근 양동마을과 함께,
2019년에는 한국의 서원이란 이름으로 다시, 두번 세계문화유산으로 등재했다.

 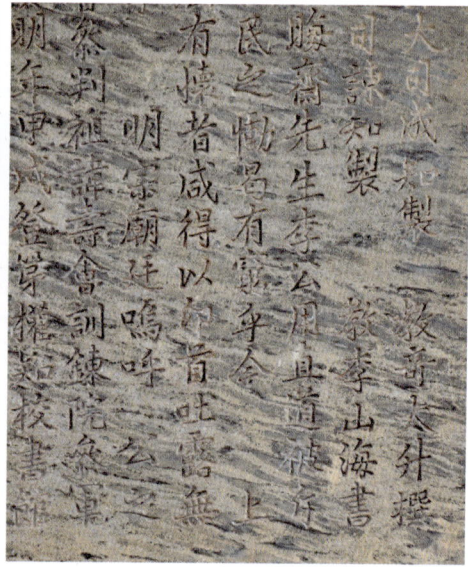

회재 이언적의 신도비(1577)는 원래 자계천에 있던 것을 서원 뒤 체인묘 옆으로 옮겼다. 신도비 맨 왼쪽 끝 부분에 붉은 글씨 15자로 이기(李芑)가 모함하여 유배되었다고 적고 오른쪽 아래에 기대승이 짓고 이산해가 썼다(비문 확대 사진)고 석각했다. 기대승은 퇴계와 사단칠정론을 펼친 거유였고 이산해는 세 번이나 영의정을 한 조선 8대 서예가 중 한 사람이었다.

옥산서원 정문 역락문 지나 구인당을 마주하고 있는 보물 무변루
무변은 주돈이의 글 풍월무변(風月無邊)에서 유래하며 경계를 없애는 곳을 뜻한다. 한석봉이 썼다.

자계천 용추폭포와 천변에 새긴 퇴계 이황의 필체 세심대(洗心臺)와 용추(龍湫)

여강이씨(驪江李氏) 종택 독락당. 솟을대문 들어서면 행랑채인 경청재(敬淸齋)가 있고 우측에 독락당과 계정이 자리 잡고 있다.

독락당에 있는 옥산정사 편액은 퇴계 글자를 집자해 만들고 독락당은 아계 이산해의 글씨로 만들었다.

자계천변에 걸쳐 지은 독락당 자계천을 완상할 수 있도록 담장에 나무 창살을 달고 나무도 베지않고 담 속에 살려지었다. 이언적 선생은 정부인에게는 자식이 없고 서얼허통(庶孽許通)된 서자 이전인(李全仁)이 유배지에서 시신을 운구해 와 상을 치르고 명종에게 상소하여 부친을 복작케 했다.

양진암 편액은 퇴계 이황의 글씨다. 양진암은
말벗 정혜사 스님을 배려한 공간이었다.

04 도산서당 학봉종택 임청각   2025.5.17.

　　도산서원길은 낙동강을 끼고 있어 입구부터 절경이다. 퇴계가 자연의 이치를 깨닫고 몸과 마음을 닦기 위해 산책하던 곳에 세운 천광운영대(天光雲影臺)에서 보면 앞으로는 시사단(試士壇)과 넓은 평야가 펼쳐져 있고 옆으로는 낙동강이 산을 경계로 눈가는 곳까지 휘돌며 뻗어나가 장관이다. 서원 입구 마당에는 거대한 고목 왕버들이 인사하듯 구불구불 방문객들을 맞이하고 있다.

먼저 퇴계가 만년에 제자들을 가르치며 머물던 도산서당으로 가봐야 한다. 1574년에 세웠던 도산서원 전교당에 앞서 1560년에 지어진 곳으로, 퇴계가 머물던 완락재(玩樂齋), 제자를 기르쳤던 암서헌(巖栖軒)이 있고 연꽃을 심어놓은 못 정우당(淨友塘)도 있어 퇴계의 뜻을 헤아리기 좋은 곳이기 때문이다. 매화원을 지나고 광명실을 지나며 왜 그토록 매화시를 많이 쓰고 책을 귀하게 여겼는지 생각 해보며 선생이 남기신 신기독(愼其獨) 무불경(毋不敬)의 의미도 되새겨 본다.

서후면 금계리에 가면 학봉(鶴峰) 김성일(金誠一)의 학봉종택이 반긴다. 퇴계의 수제자로 1590년 조선통신사 부사로 일본에 다녀왔고 1592년에 경상우도 병마절도사, 경상좌도 관찰사를 역임한 후 1593닌 진주성 항전 중 역병으로 순국 하신 분이다. 오늘은 그의 종손 김종길(金鍾吉) 선생이 학봉 선생의 유품이 보관된 운장각(雲章閣)을 열어 보물들을 보여 주시는 날.

먼저 사당에 들러 학봉 선생의 위패 부터 열어 보여 주는데 이렇게 길게 적힌 위패는 본 적이 없다. 이어서 고려사절요 등 73종 503점의 보물이 있는 운장각의 철제 문을 여시는데 감동이다. 학봉이 사용하시던 수정 안경과 관찰사 임명장이 든 유서통, 가야금, 며느리가 한땀 한땀 수 놓아 만든 퇴계선생 글 병풍 등을 소개해 나가자 소장된 '호랑이 그림'속의 눈이 따라 다니며 지켜보는 것 같다. 종택 입구에 심겨진 공자 종손의 방문 기념 소나무와 만개한 작약이 종손의 노고를 위로하는 듯하다.

도산서원 입구에 이르면 왕버들 고목들이 몸 낮추어 방문객들을 맞이한다. 아래로 내려가면 낙동강이 자연의 이치를 알려준다.

고성이씨 안동 입향조가 지은 99칸 임청각(臨淸閣)은 독립운동을 이유로 일제가 집 가운데 철길을 내어 50칸이 사라지게 된 안타까운 모습을 하고 있어 신흥무관학교를 설립한 임시정부 국무령 이상룡 선생의 애국 정신을 되새기게 한다. 1519년 도연명의 귀거래사 중 "동쪽 언덕에 올라 휘파람 불어 보고 맑은 시냇가에서 시를 짓는다"를 차용해 이름 지은 임청각의 5백년 꿈을 선생이 독립운동과 맞바꾸어 지금은 현충시설이 되어있다.

1999년 4월 영국 엘리자베스 여왕이 방문해 더욱 유명해진 봉암사는 우리나라 최고(最古)의 목조 건물 극락전이 있는 세계문화유산이다. 극락전 앞 마당에 있는 고졸한 3층석탑과 고금당(古金堂)이 어느 하나도 없으면 균형이 깨어질 듯 아름답다.

퇴계가 만년에 머물렀던 도산서당 머물던 방은 완락재(玩樂齋), 가르쳤던 마루는 암서헌(巖栖軒)으로 주자의 글에서 따와 이름하였다. 정우당(淨友塘)이란 작은 연못을 두어 군자의 모습을 상정하였다.

매화원 뒤에 책을 보관하는 광명실(光明室)을 두었다. 퇴계는 107수나 되는 매화시를 남겼다. 왼쪽 진도문으로 들어가면 도산서원 전교당이다.

정조가 퇴계를 존경하여 도산별과를 만들고 11명의 합격자를 배출한 과거 시험장을 기념하여 만든 시사단(試士壇). 안동댐 건설로 섬처럼 되어 있다.

학봉종택 김종길 선생이 불천위각에 있는 학봉선생 위패를 열어 보이고 있다.

학봉선생의 며느리가 퇴계선생의 가르침을 수 놓아 만든 병풍을 종손이 설명하고 있다.

김성일(1538~1593)선생의 유물관은 철재문을 열어야 들어갈 수 있다. 73종 503점이 보물로 지정되어 있다.

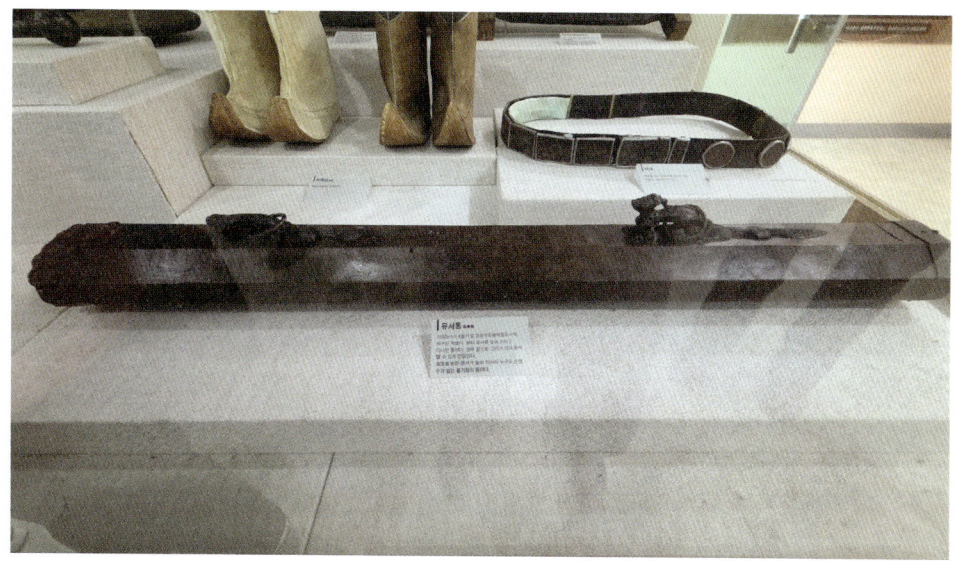

학봉선생이 경상우도병마절도사로 제수된 후 국왕으로 부터 받은 유서를 넣어 다닌 임명장 유서통(諭書筒)
메고 다니면 누구도 손댈 수 없었다. 여기에서 유세한다라는 말이 나왔다.

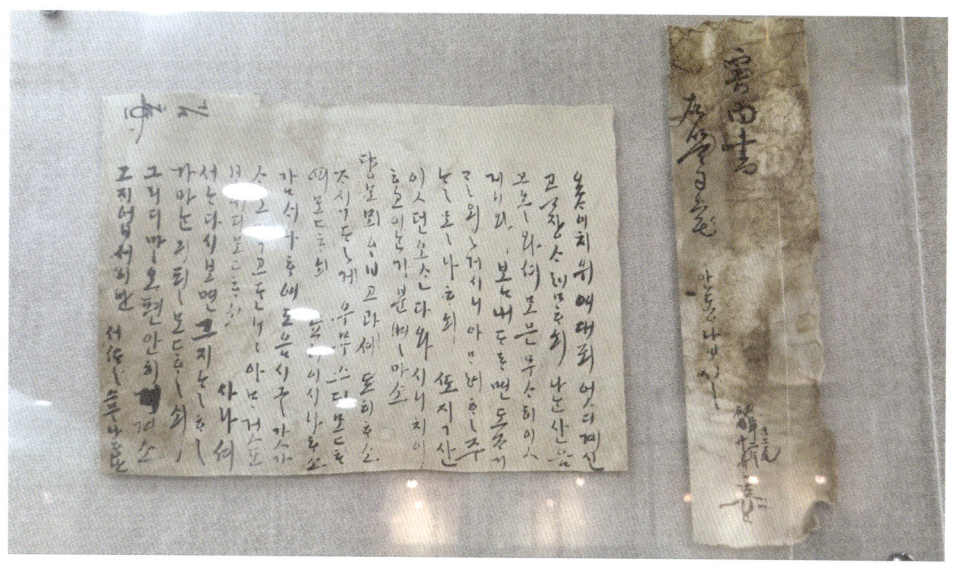

학봉이 아내에게 보낸 마지막 한글편지
요사이 추위에 모두 어찌 계신지 매우 궁금하네. 장모 모시고 과세 잘 하소. 살아서 서로 다시 보면 끝이 날까마는 기약하지 못하겠네. 그리워 하지말고 편안히 계시오.
- 중간에 댱모(장모) 글자만을 높인 것은 장모님을 존중한 뜻이다.

상해 임시정부 초대 국무령이며 신흥무관학교를 세운 이상룡의 생가 임청각 군자정. 나라사랑의 헌신을 새길수 있는 곳으로 지금은 현충시설이 되어있다. 낙동강에서 집 앞까지 배가 드나들 수 있었다고 한다.

최고 목조건물 봉정사 극락전 정갈한데다 고졸한 금당과 석탑이 어울어져 오래 서성이게 된다.

생가 대문 안쪽에 임청각의 별당인
보물 군자정이 보인다.

1999년 봄 영국 엘리자베스 여왕이 봉정사를
방문하여 돌탑을 쌓고 방문기념 사인을 남겼다.

05 단하통천길 봉평신라비 홍패   2024.11.9.

　가을이 깊어가니 42년 전에 가 본 불영계곡이 생각났다. 간다면 봉평신라비, 장양수홍패, 대풍헌도 돌아보고 오리라. 부산에서 7시에 출발하여 10시 반이 지나니 죽변항 인근 울진봉평신라비 기념관에 닿는다.

1988년 봄, 농사에 지장을 주던 길쭉이 박힌 큰 돌을 기중기로 들어내니 희미하게 글자가 새겨져 있었다. 놀랍게도 524년 신라 법흥왕 때 세워 둔 석비였다. 이 지역에 불을 내고 성을 포위한 사건을 해결하기 위해 법흥왕을 비롯한 중앙 고위 귀족이 대군을 동원하여 마무리한 결과를 재발 방지를 위해 비석에 새겨 놓은 것이다. 율령 내용, 신라 6부의 존재, 17관등의 명칭 뿐만 아니라 얼룩소를 잡아 하늘에 제사 지내는 풍습까지 기록되어 국보로 지정 되었다.

울진읍 고성리에는 울진 장씨 장양수를 배향하는 월계서원이 있다. 이곳에는 장양수가 1205년(고려 희종) 진사시 병과에 급제하여 받은 붉은 홍패가 있는데 현존하는 가장 오래된 공문서로 인정되어 국보로 지장되어 있다. 시험관 5명의 관직과 성씨가 적혀있고(왕규, 임유, 최충헌, 기흥수, 최선 등) 행서와 초서로 당시 유행하던 소동파 서체로 씌어져 있다.

의상이 불영에 부처님 세상을 열기전 이미 사람들은 붉은 노을과 흰 물안개가 이는 이곳을 천상의 비처로 여기고 절벽 바위에 단하통천(丹霞洞川)이라 새겼다. 신라 진덕여왕 5년(651년) 의상대사가 서역의 천축산과 비슷한 산 아래 연못에 산상 부처바위가 내려 앉는 모습을 보고 불영지라 부르고 불영사로 개창했다. 단하통천에서 불영사에 이르는 계곡은 기암괴석 토르가 연이어지는 명승인데 가을이 깊어가는 풍광은 과히 천하절경이다.

대웅전 기단에 조성하여 화기를 막기 위헤 만든 거북모양의 조각이 이채롭고 대웅전 뒤 산신각도 너무나 아름답다, 법영루 뒤 산 꼭대기에 있는 부처바위가 불영사를 지키고 있는 가운데 의상전 앞 650년 백송이 품위를 지키고 있고 스님들의 겨울맞이 준비를 650년 된 청풍당 느티나무가 내려다 보고 있었다.

울릉도, 독도에 주민 출입을 막기 위해 파견했던 수토사(搜討使)가 순풍(順風)을 기다리던 집 대풍헌(待風軒)을 어둠속에 찾아갔다. 안내판에 "1693년에 일어난 안용복의 1차 도일사건 이후..."란 안내판 문구가 부산 좌천동 그분의 생가가 내려다 보이는 곳에 안용복 기념관을 만든 나의 심사를 복잡하게 만들었다.

울진군 죽변면 봉평리에 있는 신라 법흥왕 11년(524)에 세워진 국보 비석
농사 장애물이던 돌을 기중기로 틀어내다 군데군데 파손된 곳을 수습해 모습을 갖추었다.

우리나라에서 가장 오래된 공문서 과거 합격증서 홍패
울진 장씨 자랑으로 박물관으로 보내지 않고 문중서원
인 월계서원 국보각에 모시고 있다.

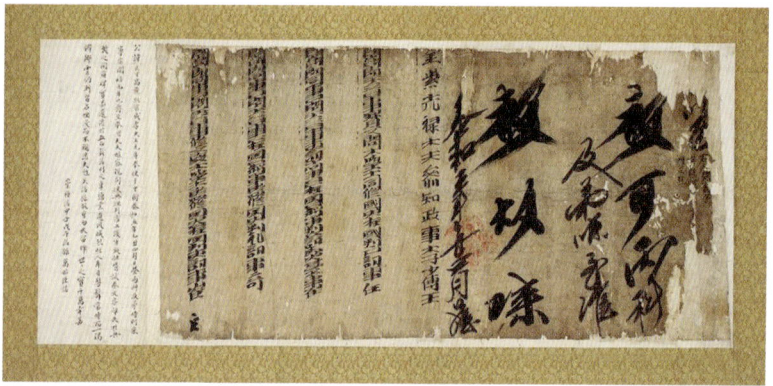

산 꼭데기애 부처바위가 보이고
그 바위가 비춰진 불영지

신라 진덕여왕 5년(651) 의상대사가 세운 불영사 대웅전

인도의 천축산 닮은 산에 있는 부처님 바위의 그림자가 사찰 앞 못에 항상 비춰져 불영사로 개칭하였다고 한다. 건물의 기단에 조성된 머리 내민 거북이 2마리는 화기를 누르기 위한 염원이었다.

불영지에서 바라본 불영사 대웅전

단하통천(丹霞洞天)이라 새겨진 이곳 기암 절벽 부터가 비경이다. 불영계곡은 울진군 근남면 행곡리에서 서면 하원리 불영사에 이르는 15km 기암 계곡 구간을 이른다.

관동팔경 중 제1경 망양정에서 내려다 본 왕피천과 동해가 만나는 절경. 삼국유사에 나오는 수로부인의 헌화가가 들려오고 겸재 정선의 망양정도의 실경을 볼 수 있다.

06 직지사 수미산방 방초정   2025.1.18.

일주문을 지나면 부처님의 큰 광명을 상징하는 대양문이 나온다.

40여 년 전 관응스님 뵈러 가는 장인의 손에 이끌려 직지사에 간 적이 있다. 그때는 어떤 분인 줄 몰라 이후 기억에서도 사라졌다. 유식학의 대가였고 최초로 6년 두문불출 수행 정진하시고 나와서는 기자에게 '나는 공부한 것이 없다'고 해 아직도 회자되고 있는 분. 오늘은 그분이 머무신 수미산방을 둘러보고 법정스님이 글을 남긴 그분 부도탑도 살펴 보고 오리라. 최근에 대웅전 삼존불 탱화가 국보로 지정되고 관응스님 열반 20주기 추도식도 열렸다고 한다.

직지사는 418년 아도화상이 건립한 조계종 8교구 본사로, 충청 전라 경상도 삼남의 정수리 황악산 비로봉의 정기가 서려 직지(直指)하여 점지되었다고 한다. 직지사를 품고있는 황악산이 겨울 잔설을 쓰고 반기고 있고 청풍요 마당에 발딛고 서 있는 야외 불상이 참 편안하게 내방객을 맞이한다.

수많은 선지식들이 거쳐 갔지만 사명대사와 관응스님이 비교적 익숙하다. 사명대사(1544.10.17~1610.8.26)가 출가하기 전, 사천왕문 앞 바위에서 잠자는 모습이 참선하던 주지의 눈에 승천하는 황룡으로 보여 제자로 삼았다고 하거니와 임란때는 승병을 이끌었고, 강화사절단으로 에도 막부에 가서는 도꾸가와의 간담을 서늘케

한 담판을 해 두고두고 회자된다. '그대는 어느 산에 사는 잡새이길래 감히 봉황의 무리속에 찾아 왔느냐'고 하자 '나는 본시 청산에 놀던 학으로 오색 구름과 놀았는데 잘못되어 들판 닭무리 가운데 떨어졌노라'라고 대꾸했다고 전한다. 사흘동안 벼슬살이 한 것은 임금의 명을 어길 수가 없는 까닭이요, 한밤중에 산으로 돌아온 것은 스승의 가르침을 저버릴 수 없기 때문이다 라는 귀거래사를 남겼다.

대웅전에 들러 예를 올린 후 서둘러 중암 수미산방으로 향했다. 1981년 직지사 주지가 되신 이래 2004년 95세를 일기로 원적하신 관응스님의 향기를 조금이라도 더 빨리 느끼기 위해. 눈밭 속 계곡 물소리는 금천(金泉)임을 자랑하고 공기는 청신하고 구수 하여 이승이 아닌 듯하다. 스님 다비장에 조계종 종정등 전국의 납자 1만5천여 명이 참석했다 하지 않는가. 운좋게 제일암 중암을 제지없이 지나고 수미산방을 홀로 둘러 볼 수 있는 행운을 얻었다. 관응스님을 친견한 듯 사방을 살뜰히 살피며 찬찬히 마음에 담았다.

40여 년 전 처가에 운문사 주지 명성 스님이 나옹선사의 청산가로 도자기를 만들어 오셔서 지금껏 록명헌에 올려놓고 있다. 그때 명성스님이 관응이세요? 하며 전화하시는 것을 들었고 그때 두분의 세속 인연을 알았다. 초등학교 교사였던 딸을 출가하게 만들었고 그 명성스님이 한국 여승 6천명 중 2,200명을 길러낸 청도 운문사의 조실이시다. 그분도 세수 95세가 되셨다.

봉황대가 있는 연화지를 둘러보고 방초정과 최씨담의 애틋한 사연도 들을 수 있었던 여정이었다.

직지사 대웅전은 석가여래를 주존으로 하여 약사여래와 아미타여래를 모신 수미단이 있고 '순치년신묘4월'이란 묵서명이 있어 제작연대(1651)를 알 수 있다. 수미단은 목공예의 정수를 보여준다.

2024.12.27 국보로 승격된 직지사 석가여래삼불회도(釋迦如來三佛會圖)
조선 후기 후불도로 현존하는 삼불회도 중 3폭이 온전하게 남아 있는 가장 오래되고 규모가 큰 작품이다. 수 많은 등장 인물을 섬세하게 그려냈는데 세 폭의 하단에는 화승의 정보가 담겨 있어 중요한 자료로 평가 받는다.

직지사 중암 수미산방 중암에서 오솔길을 오르면 관응스님이 수행하셨던 수미산방이 정상에 자리하고 있다. 중암(中庵)은 수행 정진하는 곳이라 매달 음력 24일에만 개방한다고 한다.

수미산방 뒤에 멀리 시가지가 보인다.

중암 종화루
출입금지 팻말이 붙어 있다. 나무가지와 잔설이 수행의 고단함을 위무해 줄 것 같다.

사명대사의 출가(1560년) 고사가 담긴 바위
스승 서산대사의 부음을 받고 묘향산으로 가던 중 선조의 부름을 받고 1604년 8월에 일본에 사신으로 가 덕천가강과 3일간의 담판 등 8개월여 활약하고 포로 3,000 여명과 문화재를 반환받아 1605년 4월에 돌아왔다. 1610년 8월 26일 해인사에서 입적하셨다 적었다.

사명대사가 일본 사찰에 써준 '매화수하'(梅花樹下) 친필
부처를 상징하는 매화나무 아래서 가르침을 얻는다는 뜻이다. 이 힘찬 서체에서 적진에서 담판을 벌여야 하는 고독한 결기가 느껴진다고 평한다

1625년 방초(芳草) 이정복이 세운 중층 누각 형식의 정자 방초정(芳草亭:보물)
아래층에서 2층으로 난방하여 겨울에도 이용했다. 방초정 앞 최씨담(崔氏潭)은 마을 오수도 여과시키는 시스템이 되어 있다. 이 못에는 임진왜란 때 정절을 지키기 위애 몸을 던진 이정복의 부인 최씨와 몸종 이야기가 전해오고 있고 나라에서 하사한 정려각이 세워져 있다.

## 07 이마리(伊万里)의 조선도공들					2024. 6. 28.

　　조선과 명나라를 침탈하기 위해 축조한 거대한 히젠나고야성(肥前名護屋城)을 우중에 둘러보니 만감이 교차된다. 도요토미 히데요시가 그의 고향 나고야와 같은 발음의 성을 축조하고 야심을 불태우던 곳. 성채의 면적이 17만 제곱미터나 되어 오사카성과 함께 당시 최대 규모였으며 전국에서 모인 다이묘 진영이 반경 3킬로미터 이내 약 130개소나 발견된 곳이다.

임진왜란 선봉에 섰던 히라도(平戶) 번주 마츠라시게노부가 퇴각하면서 조선인 도공들을 끌고 온다, 그 중에 진해 웅촌 도공들도 있었다. 이들이 만든 백자는 1650년 네델란드 동인도회사의 주문을 받아 수출하기 시작했고 그것이 독일의 마이센 자기 탄생의 계기가 된다. 당시엔 그런 자기 제작 기술을 우리와 중국만 가지고 있었으나 우리는 눈여겨 보지 못했으니 안타깝다. 그때 이미 일본은 끊임없이 일본의 혼에 서양 기술을 접목시키는 화혼양재(和魂洋才) 정신으로 국력을 키워 나가고 있었다.

오늘, 조선 도공들을 오지에 숨겨 그 기술을 외부에 유출되지 않도록 철저히 관리했던 비밀의 마을 오가와치야마(大川內山) 도자기 마을로 들어간다. 산봉우리로 둘러 쌓여 있는데다 지형상 세끼쇼 검문소를 거치지 않고는 출입이 불가능 하여 일본에 간 사명대사의 눈에도 띄지 않게 할 만큼 그들의 기술을 귀하게 여겼다. 1593년 11월, 차와 다기를 좋아했던 히데요시가 시게노부에게 보낸'도공을 보내라'는 문서도 마츠라 사료관에 전시되어 있다.

마을 진입 다리에서부터 안내판 까지 모두 자기로 만들어져 있었고 30개소 이상되는 요(窯)들이 계곡 마다 들어서 전통을 이어가고 있었다. 마을 입구 한켠에는 도공들의 무연 공동묘지가 가랑비 속에 처연히 자리하고 있어 후학들을 독려하는 듯했다. 이곳에서 생산되는 자기는 다이묘나 조정에 헌상되는 특별한 것으로 1871년 까지는 일반인은 접할 수도 없었다고 한다. 이 일대는 사적으로 지정되어 있다.

히젠나고야성 박물관에서 고려 수월관음도를 보며 이런 귀한 문화재도 지키지 못했던 조선이 원망스러웠다. 사가현 박물관에는 일년에 두번씩 전시하는 진본이 소장돼 있단다.

편백으로 둘러쌓인 새벽 공기 마시며 보슬비 속에 홀로 노천온천에서 아침을 즐기는 호사를 누려본다. 매일 여탕과 남탕을 바꿔가며 운영한다고 한다.

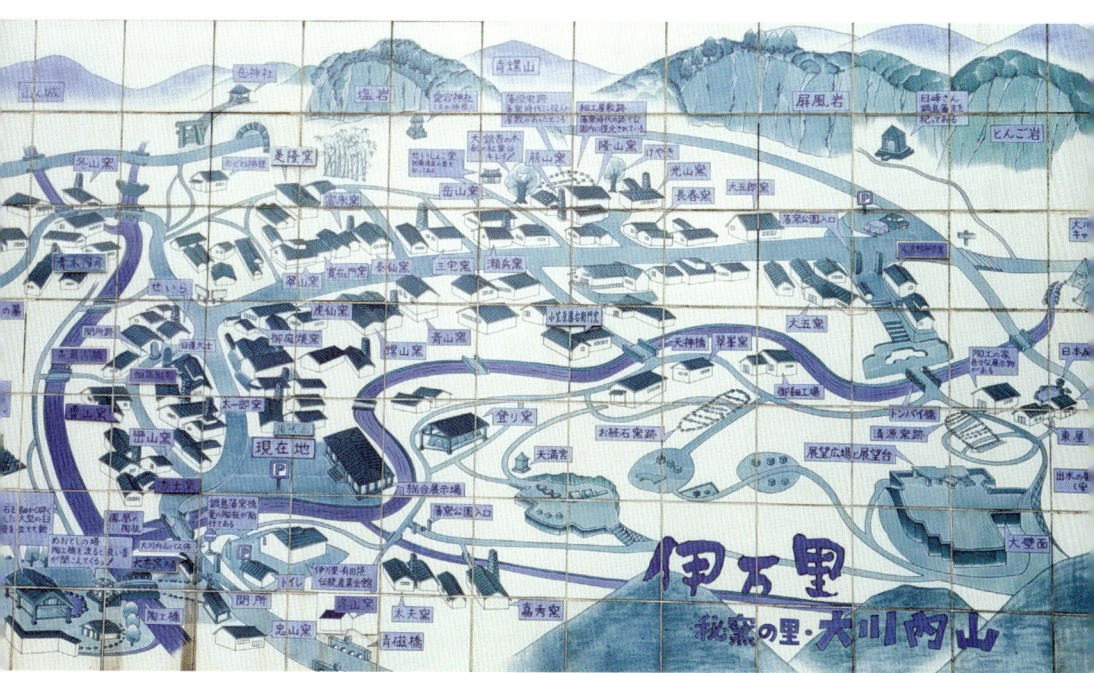

이마리(伊万里) 오가와치야마(大川內山)의 대형 안내판이 전부 자기로 만들어져 있다.

오늘을 일군 이름없는 도공들의 공동묘지가 마을 입구를 지키고 있다.

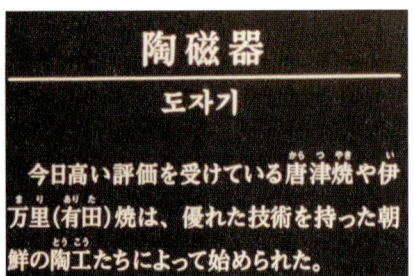

오늘날 카라쓰, 이마리(伊万里) 도자기는 뛰어난 기술을 가진 조선의 도공들에 의해 시작되었다고 소개하고 있다.

국가사적인 이곳은 진입로 다리 부터 자기 문양으로 장식되어 품위가 있다.

오가와치야마 마을은 30곳 이상의 도자기 가마에서 만들어진 작품들로 자연속 갤러리에 들어온 느낌을 받는다. 이삼평을 데려왔던 나베시마(鍋島) 영주 가문은 '세상이 깜짝 놀랄 만한 도자기'를 은밀하게 제작하기 위해 1675년 아리타(有田)에 있던 도공들을 사방이 산으로 둘러싸인 이곳으로 데려와 외부와 통제하며 최고의 자기를 만들었다.

정유재란 때 잡혀온 조선의 도예공 이삼평(李参平)을 모시는 등록유형문화재 도잔신사(陶山神社) 대형 도리이(鳥居)를 비롯하여 봉헌상(奉獻像)등이 도자기로 만들어져 있다. 해마다 5월이면 이삼평 도조제(陶祖祭)가 열린다.

사가현 현립 나고야성 박물관에 전시되어 있는 고려 '수월관음도' (252cm*420cm) 복제품
백제 금관과 반가사유상등 복제품도 전시되어 있다.
내가 본 가장 우수한 수월관음도를 바라보며 감탄과 비탄의 감정이 함께 일었다.

08 대마도와 조선통신사 문위행   2024.9.27 ~ 9.28.

　　부산항에서 대마도 히타카쓰 항 까지는 50,5km, 1시간 반이면 닿는다. 거제도 1.8배 크기이나 산림이 89%로 인구 2만 7천 명의 지극히 평온한 섬이다. 마한을 마주하고 있다고 해서 대마도란 이름을 얻었다고도 한다. 그만큼 우리와 관계가 많았던 곳이다.

백제에서 건너온 비구니 스님이 연 슈젠지(修善寺)에는 이곳에서 순국하신 최익현 선생의 기념비가 모셔져 있고 헌종때 병조판서 김학진의 낙관이 있는 수선(修善) 현액이 있다. 일본 건국 천황인 진무천황을 모신 와따즈미신사(和多都美神社)의 5개의 토리이는 가야를 향해 서 있다고도 한다.

백제스님이 심었다고 전하는 1,500년이나 된 은행나무는 낙뢰, 태풍으로 중앙이 꺽이고 비어 있으나 둘레 12.5m 높이 23m나 되는 거목의 모습으로 왕성하게 버티고 서 있다.

고종의 막내딸 덕혜옹주는 일본으로 끌려가 일본식 교육을 받고 고종이 점지한 정인을 둔채로 대마도주 아들 소 다께유끼와 정략결혼 하게 된다. 결혼후 대마도를 방문한 흔적이 기념비로 남아 있다. 외동딸이 실종된 후 실어증, 조현병으로 이어져 이혼하게 되고 해방후 20년이 다 돼서야 우여곡절 끝에 1962년 귀국한다. 그분의 지난한 아픔의 역사는 우리 민족의 슬픔으로 남아 있다.

조선통신사연구회와 문위행(問慰行) 추도제에 함께한 두번째 방문은 재야 전문가들이 함께 해 분위기가 여느 때와 달랐다.
조선 정부가 에도의 막부 쇼군에게 보내는 사절이 통신사, 대마도의 쓰시마 번주에게 파견한 공식 외교사절이 문위행이다. 평균 4~5년에 한번씩 파견된 문위행은 1632~1860년 사이에 모두 54회나 파견해 통신사 12회보다 훨씬 잦았다. 1811년 통신사가 단절된 이후에도 문위행 파견은 지속되어 외교관계를 이어갔다.

조선통신사가 묵었던 세이잔지(西山寺)를 거쳐 통신사 선단이 하룻밤 정박했던 주길신사(住吉神社/수미요시진자)에 이르니 깊은 해협에 보라색 산호와 해초 사이로 물고기 노니는 모습이 마치 수족관 안을 들여다 보는듯하다. 통신사 화상이 사로승구도 그림으로 남길 만한 절경이었다.

부산 송도와 해운대 마린시티와의 거리는 약 57km 인데 태종대와 대마도 한국전망대 까지 거리는 49.5 km. 그래서 가깝고도 먼 역사 이야기가 너무나 많다.

백제승 법묘(法妙尼)가 창건했다는 슈젠지(修善寺)
경내에 1906년 7월 대마도로 이송되어 아사 순국하신 최익현선생의 단식 순국 추모비가 있다.

일본 건국 천황인 진무 천황을 모시고 있는 와타즈미(和多都美) 신사의 토리이는 가야를 향해 서 있다고도 한다.

백제 승려가 심었다는 수령 1,500년 은행나무

임진왜란 선봉장 고니시 유끼나가의 장녀 고니시 마리아를 모신 하치만구 신사와 1100년 된 녹나무

조선통신사 루트. 1811년 12차 통신사는 대마도로 일본 영접사가 와서 맞이 했다고 한다. 오른쪽 사진은 그 표지석이다.

헌종때 병조판서 김학진의 낙관이 있는 수선사 현판

쓰시마 번주 소씨(宗氏)가 살던 가네이시 성(城)
그 안에 덕혜옹주 결혼 봉축 기념비가 있다.

이즈하라 운하에 있는 조선 통신사 행렬도. 맨 앞 깃발에
'길을 치우라'는 청도(淸道) 글씨가 선명하다.

재일 한인 역사학자이자 영상가인 신기수(辛基秀) 선생
조선 통신사 기록을 영상으로 재현 고증하여, 통신사를 조공사로 호도한 사관을 불식시킨 분이다.

소동마상휘호도
통신사를 수행한 소동(小童)이 말 위에서 일본인에게 휘호를 써 주는 것만 봐도 우리 사절단의 위상이 가늠된다.

봉축비에 1931년 5월에 소 다께유끼
(宗武志)와 결혼하여 같은해 11월에
대마도를 방문하였다고 적고 있다.

부산 수정동에 있었던 부산요가 철수되어 대마도로 이전한 후 백토가 나는 몇 곳에 대주요(對州窯)가 있었다. 저자가 동구청장 재직시 부산요가 동구청 인근이란 확신을 가지고 명함에도 입학다완 문양을 넣어 일본 얼론과 접촉한 적도 있다. 사진은 대주요를 매입하여 운영하고 있는 한국사찰 대마도 황룡사.
용두산 부산요는 1678~1717년 까지 현재 로얄호텔 자리에 있었고 두모포(고관)요는 1644~1678년 까지 왜관 밖에 있었다고 한다(전우홍).

표류하여 들어오는 어민들을 수용하는 표민옥(漂民屋)이 있었던 내항 입구

조선통신사 첫 숙박지 세이잔지(西山寺) 입구
숙박 손님 이외 출입을 금한다는 표지판이 붙어 있다.

통신사선은 240여톤 규모에 길이 약 34m 폭 9m 로 웅장하였으며 기선에 110~120명이 승선하고 복선(화물선)과 선단을 이루어 항해했다.

09 조선통신사 종착지 도쿄 동본원사   2024.12.5.

도쿄 아사쿠사(淺草)에 있는 히가시혼간지(東本願寺)는 조선통신사가 4차례나 묶은 최종 숙박지였다. 지난 여름 쓰시마에 있는 첫 숙박지 세이잔지(西山寺)를 가 본 후 마지막 숙박지도 꼭 찾아 가보고 싶었다. 그러나 현지인들도 잘 모르는 크지 않는 사찰이라 찾기가 쉽지 않았다. 대웅전에 아미타 부처님을 모시고 있으나 당내묘(堂內墓)를 관리하는 자광전(慈光殿)중심으로 운영되는 듯해 보였다.

전성기 때는 15,000평에 35개 당우가 있는 대가람 이었으나 1657년 화재, 1923년 간토대지진, 2차세계대전 등으로 규모가 크게 줄었다고 한다. 현재의 법주는 26대 분교(聞如)로 속명은 오타니 고겐, 뉴욕대학교 철학과를 수료하고 한국인과 결혼했다고 한다.

1719년 조선통신사 제술관 이었던 신유한의 "해유록"에 의하면 한번에 수백명씩 기거할 수 있다고 기록하고 있고 고구마를 영도에 전파한 조 엄은 "해사일기"에서 4백명 가까운 일행이 한 절에 머물렀는데도 오히려 자리가 있었다고 적고 있다. "1764년 2월 16일 에도에 입성해 에도에서 가장 오래된 금룡산 관음사를 지나갔다"고 적고 있는데 이 관음사가 센소지이다. 센소지를 지나 관소(館所)인 실상사에 머무는데 이 실상사가 히가시혼간지이다.

신유한은 또"일본 시골의 농민들은 1년 내내 경작하여도 다 관아로 들어가고 풍년이 들어도 콩 반쪽도 얻기 어려워 스스로 처자를 팔아먹기까지 한다. 빈부가 균등하지 않음은 다 국법의 폐단에서 말미암은 것이다."라고 적은 것으로 볼 때 아이를 쏙아내는 마비끼 악습도 수긍이 간다.

히가시혼간지 찾기 전에 통신사가 먼저 거쳐간 금룡산 센소지 부터 둘러 보았다. 마치 복잡한 인사동 거리같이 수많은 외국 관광객들이 몰려와 관광과 쇼핑을 즐기고 있었다. 우리도 군 고구마 가게 야끼모전문점에 들러 우지(宇治)말차로 목 축이며 고구마로 점심을 때웠다.

에도막부는 사회안정을 위해 쇄국정책을 폈으나 1607년 조선과 국교를 회복하고 나가사끼를 개방하여 네델란드 및 청 상인과 교역은 유지했다. 그로부터 200년간 조선과의 분쟁은 없었다. 이를 기념하기 위해 1995년부터 매년 통신사 기념행사를 열고 있으나 히가시 혼간지가 아니라 같은 지역에 있는 우에노 공원에서 조선통신사 연락협의회 주관으로 열고 있다고 한다.

조선통신사 최종 숙박지 에도(도쿄) 히가시혼간지
규모가 작아 현지인들에게 물어도 찾기가 힘들었다. 조선통신사 행렬 재현 행사도 우에노공원 일대에서 열린다.

당내묘(墓)를 관리하는 자광전 히가시혼간지 들어가는 길 양쪽에 수많은 작은 절이 있는데 대부분 납골묘를 관리하는 사찰이었다. 히가시혼간지도 예외가 아니었다.

1811년까지 200년 동안 12차례 파견된 조선통신사는 일본땅에 한류를 퍼트린 한일 교류의 선구자들이었는데 이 사찰이 최종 숙박지였다. 현재 히가시혼간지(東本願寺) 법주 부인은 한국인이라고 한다.

아사쿠사 금룡산(金龍山) 센쇼지(淺草寺) 입구는 늘 관광객들로 붐빈다.

센쇼지 정원에 걸린 다리. 이런 다리가 모네 그림에 자주 나온다. 일본인들도 모네를 좋아한다.

센쇼지(淺草寺) 대웅전. 도쿄에서 가장 오래된 사찰로 내부가 화려하고 장엄하다. 센쇼지는 도쿠가와 장군의 보호가 남 달랐다고 게시되어 있다. 히가시 혼간지(東本願寺)가 멀지 않는 곳에 위치하고 있다.

센쇼지 입구에 가게들이 줄지어 있고 인사동 거리처럼 붐빈다. 매일 외국 관광객들이 넘쳐난다.

아사쿠사 이면도로 골목은 작은 식당들이 줄지어 있어 부산의 서면 뒷골목 같았다.

10 메이지 유신 태동지 하기(萩)   2024.2.25.

　　1868년 일본의 지방세력인 번부가 막강한 막부와 싸워 이긴 후 천황을 중심으로 한 서구식 근대 국가를 세운다. 이 메이지유신을 설계한 사람이 인구 3만의 소도시 하기(萩)시 출신 요시다 쇼인(吉田 松陰,1830~1859)이고 그가 정한론의 당위성을 만든 사람이란 것을 알고 있었지만 다시 찾아 나서기로 했다.

소도시 번(藩)의 하급 무사 출신인 요시다 쇼인은 중국의 아편전쟁을 파악하고선, 서양세력을 이기기 위해서는 구닥다리 병기에서 벗어나 서양의 학문과 기술을 배워야 한다고 생각한다.

20세 때 규슈와 일본 열도를 돌며 가르침을 청하며 실정을 파악하고 나가사끼 데지마로 가서는 네델란드 선박에 직접 올라 보기도 한다. 23세에 미국의 증기선을 살펴보고 적을 알기 위해 미국 유학 결심을 하고 밀항을 시도한다.

1855년 감옥에서 풀려나 고향집에서 유배생활을 하던 중 그를 배우겠다는 학생들이 많아지자 1857년 쇼카손주쿠(松下村塾) 숙장이 되어 실천을 중시하는 양명학 사상으로 2년간 제자들을 가르쳤다. <살아서 대업을 이루고 싶다면 어떡하든 살아야 한다>라며 실행을 강조했으나 감옥에서 사형 판결을 받고 1859.10.27. 참수된다.

아베의 노력으로 2015년 유네스코 세계문화 유산으로 등재된 쇼카손주쿠는 야마가타 아리토모(山顯有朋), 이토 히로부미(伊藤博文), 이노우에 가오루등 존왕양이(尊王攘夷) 지사들을 배출했고 이들이 메이지 유신 시대의 주역이 되었다. 조슈 번(야마구치)과 사쓰마 번(가고시마)의 동맹을 이뤄내 메이지 유신을 가능하게 한 이는 사까모도 료마(坂本龍馬)다.

아베신조 전 내각총리대신은 야마구찌현 조슈번 출신인 것을 매우 자랑스럽게 생각하는 대표적 인물이다. 총리 재선 후에도 쇼인의 묘지를 방문해 참배했다. 그의 이름도 메이지 주역의 한명인 하기 출신 다카스기 신사쿠

(高杉 晋作)의 진(晋:일본발음 신)에서 따왔다고 발언하기도 했다. 극우 성향의 그가 이 지역 청년회장 시절 부산의 청년단체와 빈번히 교류하고 그의 결혼식에 중부산회장을 몇 자리 안되는 연단으로 까지 초청한 사실을 아는 나로서는 복잡한 생각이 든다.

메이지 유신 지도자 요시다 쇼인

다다미 여덟 장 크기의 쇼카손주쿠(松下村塾) 일본의 근대화를 이끈 학교로 세계문화유산으로 등재 되어 있다.

쇼카손주쿠(松下村塾)강의실

다카스기 신사쿠(高杉 晋作)생가와 동상.
아베 전 수상은 신따로의 신은 신사꾸의 신(晋)에서 따온것을 자랑으로 여겼다고 한다.

야마구찌 조슈 번과 가고시마 사쓰미 번의 동맹을 이루어 메이지유신을 가능하게 한 사까모도 료마(坂本龍馬) 교토 니넨자카 인근에 활동상이 남아있다.

11 송광사 대원사 가는길   2023.4.3.

　분분한 벚꽃 낙화 느끼려 가야금 산조 들어가며 차를 몰았다. 주암호에 이르러 연분홍 안계(眼界)가 펼쳐 지더니 낙화가 눈발 같이 쏟아져 내린다. 송광사에서 말사 대원사 가는 길은 굽이 마다 녹색 신록이 하얀 벚꽃을 받쳐 주어 탄성이 이어진다. 산이 깊고 곡도가 다양한 도로인데다 계곡도 안온한 모습으로 청신한 초봄을 한껏 담고 있어 고개를 휘져어 가며 보고 가게 된다.

40여년 만에 다시 찾은 참선 근본도량 송광사는 침계루 주변 만 눈에 익다. 입구에 들어서자 2,600리터 짜리 느티나무 비사리구시 공양구가 사찰의 위상을 가늠케 한다. 여천 선생이 축원중인 스님과 뼈있는 대화 하며 찍어 왔다는 관음전 관음보살상은 화려함과 위엄을 그대로 지키고 있었으나 대웅전 앞 마당이 지나치게 협소해져 있어 안타깝다.

조계종을 창시한 보조국사 지눌이 정혜결사를 한 이래 국사를 16분이나 배출해 승보종찰이된 사찰로 국보 5건 보물28건을 보유하고 있다. 화엄경 내용을 그림으로 표현한 화엄경변상도는 추종을 불허한다.

삼청교 우화각(羽化閣)에 있는 해강 김규진의 송광사 현판이 승보사찰의 청신함을 더했다. 그러나 뭐니 뭐니해도 16 국사를 배출해낸 국사전이 옛 모습을 지키고 있어 큰 위안이 된다. 출입금지 팻말이 있었으나 기울이고 목뽑아 넣어 사진에 담아 본다.

대원사에 이르니 지훈스님께서 한번 뵙고 싶었던 주지 현장스님과의 면담을 주선해 놓고 있었다. 티벹불교를 알고 싶었고 법정스님과 승속간에 친척 이기 때문에 궁금했다. 현장스님 안내로 티벳박물관에서 티벳불교의 사후세계를 경험해 본다. 특히 신라 왕자 출신의 김지장 스님의 참 모습을 어렴풋이나마 알수 있어서 정말 다행이다. 시선(詩仙) 이백이 남긴 김지장 스님 찬시는 압권이었다.

쌍봉사는 9산선문 중 사자산문을 여신 철감선사의 탑비가 있는 사찰로 언

제나 청신해서 참 좋다. 독특한 3층 대웅전에서 홀로 좌선 해보는 홍복도 누릴수 있다. 우리나라에 유일무이한 T자형 맞배지붕 호성전에서는 철감선사와 중국의 조주선사의 인연을 만날수 있다. 화마를 지켜준 극락전 앞 단풍나무 모습도 귀하다.

송광사 가는길에 벚꽃 꽃비가 쏟아졌는데 대원사 가는길에는 폭죽 터진듯 만개해 있다. 부산 벚꽃이 이별 할때 떠났는데도 대원사 벚꽃은 기다리고 있었다.

삼청교 위 우화각에 있는 해강 김규진 선생이 쓴 송광사 현판이 유난히 눈에 띈다.
고찰에 김규진 선생이 쓴 현판 찾아 보기도 흥미롭다.

송광사 입구 우화각 주변은 변함없이 내방객을 포근하게 반긴다.

비사리구시 공양구. 느티나무로 만들어 졌고 2,600리터 물을 받아낸다.
쌀 7가마, 4000명분 밥을 담아낸다니 가람의 크기를 가늠해 볼 수 있다.

송광사 침계루와 계류 40년이 지났는데도 변함없이 반기고 있었다.

성보전 옆 석조 왜 이곳에 설치 했을까? 멀리 관음전이 보인다.

송광사 관음보살상
축원중이던 스님이 촬영 못하게 하자 도반이 '스님 기도 하십시요' 하고 찍어 왔다는 보살상. 궁중 나인이 소현세자의 세째아들 경안군의 장수를 기원하며 조성했다는 기록이 복장 유물에서 나왔다.
소현세자는 청나라 인질로 갔다가견문 넓혀 돌아온 후 원인불명으로 별세했고 부인도 인조 독살 시도 혐의를 씌워 죽였다. 그때 경안군 나이는 4살이었다.
나는 선양(沈陽)에서 공부할 때 소현세자와 세자빈의 흔적을 찾아 다니기도 했다.

송광사 대웅보전. 앞마당이 많이 좁아져 있어 안타까웠다.

배롱나무 뒤에 행해당이 보인다. 배롱나무 꽃은 8월에 절정이다.

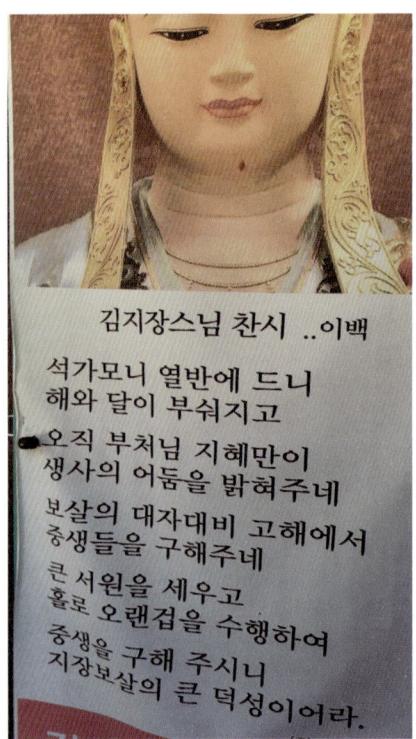

천봉산 대원사에는 신라왕족으로 출가 후 중국으로 건너가 지장보살로 화현한 김지장보살을 기리는 박물관이 있다.

720년 김지장스님이 중국으로 갈 때 금지차 종자를 가져 갔는데 현장 스님이 중국 구화산에서 그 금지차 씨앗을 다시 가져와 대원사 주변에 심었다. 삼국사기에 신라 흥덕왕 3년(828년)에 당나라 사신으로 갔던 김대렴이 차 씨앗을 구해와 지리산에 심었다는 기록 보다 108년이 앞선다.

이곳에서 시선(詩仙) 이백의 김지장스님 찬시를 만나니 감개무량 하다,

754년 명성을 듣고 구화산을 찾아왔던 때 이백의 나이는 54세 김지장스님은 60세가 되던 해 였다고 한다.

16 국사를 모시고 있는 국보 국사전(國師殿) 부처님 오신날 개방한다.

'탱화에 탐욕 없애주는 연꽃과 무지 없애주는 해와 분노 정화시키는 달이 있다. 보름에 수행하면 마음에 가지고 있던 뱀을 내보낼수 있게 된다. 달라이라마를 뵈니 개는 싸우고 나면 잊어 버리는데 사람은 잊어버리지 못하는 기억 때문에 괴로와 한다 하시더라'고 현장스님이 말씀 하신다. 보름날 열리는 태평무 알림마당 행사의 의미를 가다듬는 계기가 되었다.

다담을 마친후 연못과 티벳박물관으로 안내했다. 티벳 스님 두분과 네팔 공양주 한분이 계셨다. 사후세계를 체험해 볼수 있는 소중한 경험을 했다.

12 미황사(美黃寺)와 대흥사(大興寺)   2024.1.30.

달마산은 공룡의 등줄기처럼 울퉁불퉁한 기암과 괴봉이 12km나 이어져 있어 남해의 금강산이라 불린다. 이 산기슭에 미황사(美黃寺)가 있다.

　나주로 가다가 셋이 합이 맞아 달마산 자락 미황사로 향했다. 사찰의 창건(749년)설화가 재미있는 데다 다도해와 서해로 떨어지는 낙조가 보고 싶어서였다. 텅빈 공양간을 물려받아 지금의 명찰 모습을 일군 일화도 감동적이어서 다시 찾고 싶었던 터였다.

　소에 경전과 불상을 싣고 가던 길에 소가 크게 울고 멈춘 곳에 절을 짓고 소의 울음소리가 지극히 아름다웠다는 미자(美字)와 금인의 빛깔을 상징

한 황자(黃字)를 택해 이름 지었다고 한다. 명승 제 59호로 지정되어 있다.

1264~1294년 사이에는 중국 남송(南宋) 사람들도 이 절에 내왕할 정도였으나, 지난 백여 년간 폐사되다시피 한 사찰을 '꼭 찾고 싶은 가장 아름다운 절'로 바꾼 분이 금강스님이라고 들었다. 잔뜩 기대하고 올랐으나 그 스님 떠난 자리에 너무 많은 불사가 이루어지고 있는게 아닌가!

대웅전과 응진당은 보물이고 사적비는 1692년에 세운 것인데 3m 높이 옥개석 위에 용을 얹어 조각했다. 절 뒷산 달마산은 공룡의 등줄기 같은 암봉으로 이루어져 남도의 금강산으로 불리고 그곳에 올라있는 도솔암 풍광은 빼어나다.

인근 두륜산 대흥사는 미황사의 교구 본사로 광활한 절경을 두르고 그 속에 있다. 서산대사가 호국 승병을 이끈 호국도량이고 이곳 출신 종사인 초의선사로 인해 차(茶)문화의 성지로 알려져 있는데 가람이 천불전이 있는 남원과 대웅보전이 있는 북원 그리고 서산대사의 사당이 있는 별원(표충사) 3구역으로 나뉘어져 있다.

대웅보전 현판을 명필 원교 이광사(李匡師)가 썼으나 무량수각 현판을 쓴 추사 김정희가 제주도 유배 가기전 들러 졸작이라며 떼어내라 했다가 귀양 풀려 돌아 오면서 다시 붙이라 한 사연이 궁금했다. 남원과 북원 경계에 자리하여 두곳을 꽉 잡아 붙들고 있는듯한 500년 느티나무 연리근에게도 그간의 사연을 듣고 싶었고 표충사에 들러 임진왜란 전후 승려의 신분으로 나라를 지켰던 서산대사와 사명대사에게 꼭 참배도 드리고 싶었다.

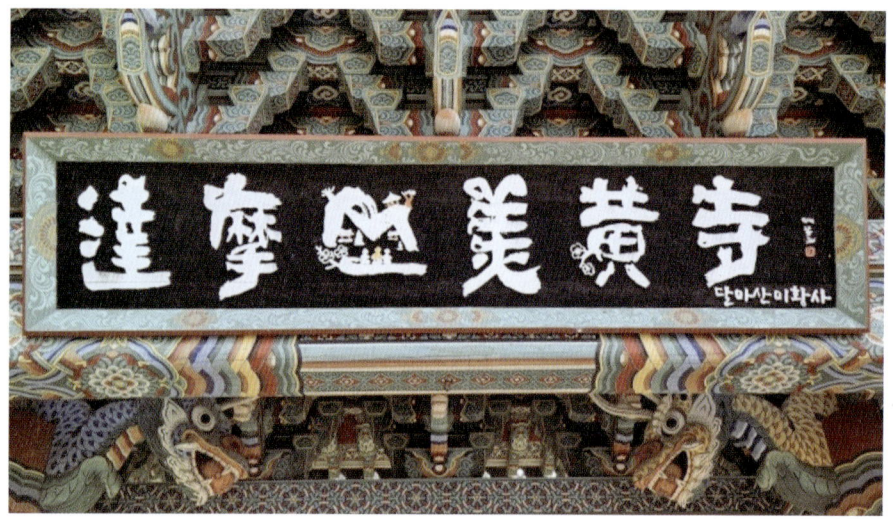

미황산 현판은 독특한 서체에 그림을 더한 현판으로 절집과 불탑, 소나무, 꽃 가지를 그려 넣은 산(山)자가 특히 아름답고 독특하다.

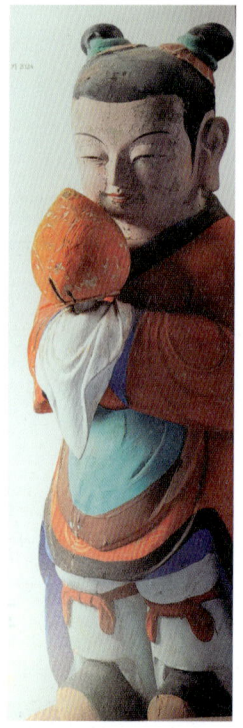

연 봉오리를 든 응진당 동자상
세상에 물들지 않은 순수한 마음으로 극락에 대한 염원을 담은 것이라 한다.

미황사 대웅보전 주춧돌에는 연꽃무늬 사이에 게와 거북이가 새겨져 있는데 바다를 통해 불경과 불상이 들어왔다는 설화와 관련있다고 한다.

천왕문 안에는 독특하게 불경을 넣은 윤장대가 설치되어 있다.

자하루(紫霞樓) 자하는 부처님 몸에서 뿜어 나오는 상서로운 기운이란 뜻이다.

대흥사 대웅보전 명필 이광사의 글씨

대흥사 무량수각 추사 김정희의 필체

초의(草衣)의순스님이 대종사 중 한 분이어서 대흥사는 차문화의 성지로 불린다.

대흥사는 북원(대웅보전, 침계루) 남원(천불전, 세심당) 별원(표충사, 대광명전) 3구역으로 나뉘어 있다. 세계문화유산이다.
수령 5백년 느티나무 연리근이 남원, 북원, 별원을 단단히 묶고 있는듯하다.

신라말 의상대사가 창건한 천년 기도도량 도솔암

13 화엄사 남원 만복사저포기   2024.3.14 ~ 15.

　이 계절 화엄사는 각황전 홍매화가 단연 시선을 끈다. 각황전에 비해 규모가 작은 대웅전을 배려해 낮춰 지었다는 보제루를 유심히 돌아보고는 바로 창건주 연기조사의 효행을 느낄수 있는 4사자(四獅子) 3층석탑과 석등을 먼저 찾지 않을수 없었다. 이 탑은 불국사 다보탑과 함께 통일신라시대에 조성되었다고 한다.

　삼층석탑 안의 네마리 사자상 중앙에 합장한 연기조사 어머니의 상이 서 있고, 마주보고 선 석등엔 무릎 꿇어 어머니에게 차(茶) 올리는 연기조사의 모습이 있어 숙연하게 만든다. 고려의 학승 의천 대각국사는 '어슴푸레 어둠 내린 저녁 슬픈 바람 한 줄기가 효대(孝臺)를 스치누나'라는 비감(悲感)한 시를 남기기도 했다. 미켈란젤로의 최만년 작 '론다니니의 피에타'를 마주보는 듯 하다.

　구층암(九層庵) 요사채 건물 기둥은 자연 그대로의 모과나무를 다듬지 않고 기둥으로 사용해 인근 들매화와 함께 감동을 준다.

　전남,북 경남과 인접한 남원은 판소리 춘향전의 탄생지이고 흥보가의 흥부와 놀부가 살던 곳이다. 왕정동 만복사지에는 김시습의 만복사저포기가 숨쉬고 있고, 판소리 동편제가 탄생한 곳인데다 최명희의 혼불까지 이어 놓으면 상상력을 만족시키기에 이만한 도시도 없는것 같다.

　광한루는 황희 정승이 유배와서 광통루 누각을 지은데서 유래되었다. 이후 남원부사가 요천의 맑은 물을 끌어다 은하수를 상징하는 호수를 만들었고 전라도 관찰사로 부임해온 정인지가 이곳의 아름다움에 취해 달나라 월궁속의 광한청허부(廣寒淸虛府)라 칭한후 광한루라 부르게 되었다. 연못 한 가운데 봉래섬, 방장섬, 영주섬 삼신산을 만든 지금의 모습은 임진왜란 직전 전라도 관찰사였던 정철에 의해서였다. 우리나라 4대누각 중 유일하게 평지에 만들어진 원림이다.

평지 원림 광한루
광한루는 남원 사람들에게 민족혼을 고취 시킨 기다림의 상징물이다. 일제 강점기때는 2층은 독립군 취조 장소, 아래는 독립군의 감옥으로 사용 되기도 했다. 은하수를 표현한 연못엔 신선이 산다는 봉래섬, 방장섬, 영주섬이 있고 견우 직녀의 오작교도 있다.

왕정동 벌판에 노을이 앉을 무렵에는 매월당 김시습(1435-1493)의 만복사저포기를 들려 줄 만복사지 석인상과 석불입상을 만나고 와야 한다. 춘향전이 한 남자를 사랑한 여자의 지조와 정절을 노래했다면 만복사저포기는 만날수 없는 여인에 대한 남자의 변치 않는 사랑에 관한 이야기다. 창건 당시(고려초)에는 탁발 나갔던 승려들이 기러기처름 줄을 이어 돌아와 그 모습이 남원 8경 중 하나였던 대가람이었다고 한다.

남원시 운봉읍에는 국악의 성지가 자리하고 있다. 남성적 굵은 울림과 느린 진양장단을 특징으로 하는 동편제를 탄생시킨 가왕 송흥록과 국창 박초월의 생가도 이곳에 복원되어 있다.

효대(孝臺)에 있는 사사자삼층석탑과 석등
최근 복원되어 생경하지만, 석탑 안에 어머니가 합장하며 연기조사를 바라보고 있고 석등 속의 연기조사는 어머니에게 꿇어서 차를 올리고 있다. 미켈란젤로의 유작 '론다니니의 피에타'를 보듯 애잔하다.

화엄사의 자랑 각황전과 숙종때 심은 수령 3백년 천연기념물 홍매화

모과나무를 깍지않고 기둥으로 사용하여 자연과 조화를 이룬 구층암 요사채.

새들에 의해 자연 발아 성장한 들매화 구층암 뒤에 있다.

문화재 조각회전 2024. 3. 9 - 3.

만복사지에 있는 석불 입상

김시습이 수양대군 왕위 찬탈 문제로 스님이 되어 떠돌다가 만복사에서 고승에게 들은 이야기.
남원 사는 총각 양생(梁生)이 부처와 저포놀이(윷놀이)하여 이긴 대가로 배필을 얻게되나, 그 처녀는 왜구의 난 중에 죽은 혼령이었고 며칠후 사라진다. 양생은 그 여인을 그리워 하며 다시 장가 들지 않고 지리산으로 들어가 약초 캐며 살았다 하나 이후 소식은 아는 사람이 없다.

왕정동 만복사지에는 고려시대 보물 오층석탑, 석불입상, 불상 좌대, 당간지주가 남아 있다. 매월당 김시습(1435~1493)의 금오신화 만복사저포기는 이곳에서 들은 이야기를 소재로 쓴 최초의 한문소설이다.

만복사지를 지키고 있는 석인상

14 고려 임시수도 옥주 진도   2023.10.26.

　옛부터 땅이 비옥하고 기후가 온난하여 옥주沃州)라 불렸다. 먹을것이 풍부해 바구리 섬으로도 불리고 있다.

시신을 바로 매장하지 않고 1~3년 초분(草墳)했다가 매장하거나 제사를 제각(祭閣)에서 지내는등 민속문화가 살아있는 보배스런 섬이다. 출상전 상가에서 노래와 춤 재담으로 상주를 위로하는 상여놀이 '다시래기'가 전승되는 무속의 총본산이기도 하다. 진도다시래기'와 박병창시킴굿은 문화재로 지정되어 있다.

몽골제국이 전세계를 지배하던 1270년 삼별초가 도읍을 정하고 항전했던 곳이고, 유배온 후손들이 자부심을 가지고 전통을 지키고 있는 섬이다. 이순신 장군의 명량해전으로 잘 알려진 울돌목이 있는 곳이기도 하다.

사연많은 '진도아리랑'은 노랫말이 수없이 많은데, 전반은 밀양아리랑과 같지만 후반부에는 아리랑 응응응 아라리가 났네하며 선정적인 콧노래가 들어간다. 여인네 활동이 많아 며느리의 설움을 표현한 가사도 많다.

천연기념물 진돗개는 놓아 기르기 때문에 발톱이 없다. 진도홍주는 지초(芝草)로 만든 증류주로 향과 맛이 일품인 천년 전통명주다. 그밖에 울금막걸리, 구기자차가 특산품이다. 세방낙조 일몰이 아름답고 일년에 3일만 열리는 바닷길 축제는 널리 알려져 있다.

남화의 본거지 운림산방은 반드시 들러야 할 명소. 소치 허련(1809~1892)) 선생은 진도 태생으로 해남 녹우당의 화첩을 보면서 그림을 익혔는데 대둔사(지금의 대흥사)에 머물던 초의선사의 소개로 추사 김정희로부터 그림을 배우게 되면서 그만의 화풍을 만들었다. 일본으로 넘어간 김정희의 세한도를 돌려받은 서예 거장 손재형선생을 기리는 소전미술관도 둘러봐야 한다. 진도 어딜가나 그림 한점씩 걸려 있는 격이 다른 풍경을 이해하기 위해서라도.

진도 용장성 내성과 왕궁지
군내면 용장리 106에 있다.

몽골제국에 항전했던 삼별초 진지 용장성(龍藏城). 외성 13km에 면적은 258만평이나 된다. 한때 이곳은 고려의 임시 수도였다.

해전에 약한 몽골군에 대항하기 위해 북벽과 서벽을 만(灣)을 이룬 바다에 연결 했다.

온왕이 전사한 곳으로 추정하는 의신면 침계리 왕무덤재에 있는 온왕묘(溫王墓). 몽골에 복속된 고려왕실을 괴뢰정권으로 낮추고 온왕을 고려왕으로 내세웠다. 삼별초군은 이후 제주도로 후퇴했다.

소치화실 앞 연지와 백일홍 국가지정 명승이다

초의선사를 통해 추사의 제자가 되었고 추사가 돌아가시자 이곳
에 내려온 소치 허련은 운림산방을 열고 그림과 저술활동을 했다.
현재 운림산방 현판은 의제 허백련의 글씨이다.

추사가 쓴 소허암 현판

소치선생의 영정을 모신 운림사

인근 우수영에 있는 성웅 이순신 명량대첩 기념탑

음력 2월 그믐 영동사리와 6월 중순에 고군면 회동마을과 앞바다에 있는 모도 사이에 폭 30~40m, 길이 2.8km 가량의 바닷길이 1시간 가량 열린다.

15 단양 신라 적성비와 온달산성   2025.4.12.

    풍기에서 죽령터널 지나니 산세가 완전히 달라진다. 중앙고속도로 단양팔경휴게소에 주차하고 인근에 있는 신라 적성비에 올랐다. 돌과 진흙으로 성을 쌓고 외벽은 자연석으로 마무리한 긴 타원형 산성인데, 1978년 1월 단국대 정영호 교수가 죽령을 중심으로 고구려와 신라의 관계를 밝히는 학술조사를 벌이던 중 돌부리에 신발을 털다가 글자가 새겨진 550년경에 만든 파묻힌 적성비를 발견하게 된다. 이 비는 순수비 4기 즉 북한산, 창녕, 황초령, 마운령비 보다 먼저 세워진 비석이다.

    이곳은 고구려, 백제, 신라3국의 접경지로 남한강 상류지점에 있어 농사가 잘되고 중국과의 교류에도 유리하여 4세기에는 백제의 근초고왕이, 5세기에는 고구려 장수왕이 점령 통치하다가 6세기에 신라 진흥왕이 마지막으로 점령한 지역이다. 이 적성비는 이곳에 거주하던 고구려민을 안무하기 위해 만든 비석인데 여기에는 신라 명장 이사부 이름도 나오고 김유신의 할아버지로 관상성 전투에서 백제 성왕을 꺾은 김무력의 이름도 나온다, 당시 이들을 도왔던 적성의 토착민 '야이차'를 포상하였다는 내용도 있다.

단양 단성면 하방리에 있는 삼국시대 석축산성 사적 단양 적성

단양 5경 사인암은 판상절리 화강암 절경인데 식당들이 코 밑까지 밀고 들어와   고저녁한 분위기를 잃은지 오래된 것 같다. 이곳을 자주 찾던 역동 우탁선생의 직함이 사인(舍人)이었는데 지부상소(持斧上疏) 올리던 그의 강직한 인품을 흠모하여 사인암으로 불렀다 한다. 바위에 수많은 이름이 새겨져 있는데 제발 낙서하지 말라는 글자도 새겨져 있단다. 바위 뒷편 삼성각 입구에 우탁선생이 남긴 ".... 백발이 제 먼저 알고 지름길로 오더라"는 경구 시비 앞에 서면 겸손해진다.

남한강을 굽어보는 요새지에 있는 온달산성은 삼국의 영토확장이 치열했던 시기에 고구려 평원왕의 사위 온달의 무용담이 전해 내려와 붙여진 이름이다. 성의 둘레가 683리나 되고 동쪽 높이는 6m, 남북쪽의 높이는 7~8m, 서쪽의 높이는 10m로 벽을 쌓았고 성의 두께를 3~4m로 하여 길이 70cm, 너비 40cm, 두께 5cm 크기의 얄팍한 돌로 매우 정교하게 쌓았다. 동,남,북 삼문과 수구(水口)가 지금도 남아 있다. 보은의 삼년산성, 상주의 견훤산성과 더불어 우리나라 3대 산성이라 불릴 만큼 성곽의 완성도와 풍광이 빼어나다. 가파른 계단길을 1km나 올라야하고 다시 오기 어려울 것 같아 함께 사진을 남겼다. 비 까지 흩날려 감회가 깊다.

소박한 꽃나무 속에서 모습을 온전히 지키고 있는 고고한 보물 향산리 삼층석탑을 뒤로하고 아름다운 단양여행을 마무리 했다.

신라가 고구려 영토인 이곳 적성을 점령한 뒤 민심을 안심 시키기 위해 세운 신라 적성비. 비석은 높이 93cm, 상단폭 109cm, 하단폭53cm로 282자가 음각돼 있다.

단양 영춘면 하리에 있는 고구려 사적 온달산성. 고구려 평원왕의 사위 온달이 신라군의 침입 때 이 성을 쌓고 싸우다 전사했다 전한다. 성의 둘레가 683m나 되고 대체로 현존한다.

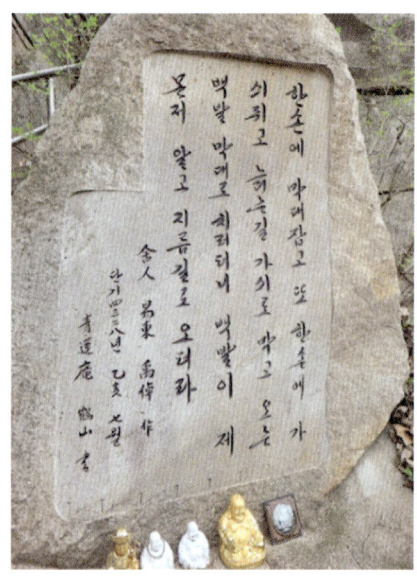

빠르게 흘러가는 세월의 무정함과 인간의 한계를 노래한 우탁의 탄로가(嘆老歌). 우리나라 최초의 시조이다.

1373년 고려 공민왕때 나옹선사가 창건한 청련암의 삼성각 오르는 길. 입구에 우탁 선생의 탄로가(嘆老歌) 비가 세워져 있다.

단양 대강면에 있는 **사인암(舍人巖)** 판상절리 화강암이 깍아지른듯한 절경이라 수많은 묵객들이 다녀갔다. 고려 후기 유학자 역동(易東) 우탁(禹倬,1263~1342))의 벼슬 사인에서 명칭이 유래되었다.

16 열하일기 심양(盛京)   2019.8.10.

　책문을 통과한 연암 일행은 봉황성, 설류점을 거쳐 통원보에서 불어난 강물로 6일을 묵게 된다.

설류점 지명은 당태종이 요를 정벌할 때 장수 설인귀와 유인원을 이곳에서 용병했기 때문에 붙여진 이름이다. 유인원은 나당(羅唐)이 연합해서 백제를 멸망시킨 공로로 국립 부여박물관 야외에 그의 기공비가 남아 있다. 설인귀는 당나라 원군 최후 지휘관으로 김유신 장군에 의해 쫓겨나며 이로써 신라가 삼국을 통일한다. 그길을 지나 연암 일행은 십리하, 백탑보를 거쳐 심양에 입성한다.

심양은 우리와 비교적 친숙하다. 나의 가까운 선배 공무원의 원적이 아직도 봉천(심양)으로 남아 있어 놀랐다. 연암이 심양에 들어간 1780년은 청나라 황실이 북경으로 천도한지 140여년이 지났으나 우리의 아픈 역사 흔적들이 너무나 많아 연암도 감회가 깊었을 것이다. 일제 강점기에는 우리 민족 삶의 기반이 된 곳이기도 하다.

내가 심양사범대 여름학기 수강신청을 한 이유도 중국어를 익히면서 우리의 아픈 역사 흔적들을 찾아보고 싶었기 때문이었다.

명나라 군대가 임진왜란 원병으로 조선으로 간 틈을 이용해 여진족이었던 누르하찌가 후금(청)을 세우고 1625년 심양에 도읍을 정한다. 누르하찌의 8남 홍타이지가 청으로 국명을 바꾸고 명과 우호적이던 조선을 침공하여 무려 30만 포로를 끌고 온 곳이 이곳 심양 남탑 주변이었다.

이때 소현세자와 봉림대군(효종)도 인질로 끌려왔다. 소현세자의 첫째아들 원손도 동생인 인평대군도 끌려와 왕위 계승 서열 네번째 까지 모두 끌려 온 셈이다. 12월9일에 압록강 건넌 청나라 군대가 불과 5일만인 14일에 한양을 함락시킨 후 였다. 심양에서 모진 고생을 하며 견문을 넓힌 소현세자가 돌아 온지 두달 만에 독살되고 총명했던 세자빈도 누명을 쓰고 사약을 받게 된다. 나는 조선 왕 중 가장 자격 없었던 국왕이 인조라고 생각한다.

심양고궁. 규모는 작아도 황궁 격식은 다 갖춰져 있다.
연암은 여기서 필담으로 소통하며 견문을 넓힌다.

청 태종 묘가 있는 북릉공원(昭陵) 정문
627년 홍타이지의 명을 받아 평양을 거쳐 한양을 점거한 후, 강화도로 도피한 조선 국왕에게 명나라와의 단절과 인질 납공을 조건으로 항복 받았다고 소릉(昭陵) 사당에 적혀 있어 비감했다. 청 태종 홍타이지 묘에는 풀이 없었다.

17 열하일기 산해관(山海關)   2018.8.1.

심양을 출발한 연암은 신민, 북진을 거쳐 금주 지나 산해관에 닿는다.

산해관 라오롱토(老龍頭)는 친황다오(秦皇島)에 있는데 만리장성의 동쪽 기점이다. 진황도는 서복이 진시황의 명을 받아 불노초 구하러 출항한 곳으로도 알려진 곳. 용 모양의 장성(長城)이 바다를 만나 치솟는 모양을 하고 있어 노룡두라 했다 한다. 가보니 정말 높고 장대 했다.

산해관 제3관 천하제일관(天下第一關)에는 글 한획 높이가 1.6m 폭이 1.1m인 거대한 명필 편액이 걸려있고 이 산해관은 각산(角山)산성 꼭대기와 이어져 있었다. 각산 정상 까지도 올라 가 보았다. 외부로 부터 장성에 이르는 폭도 너무 커 누구도 범접할 수 없어 보였다.

그러한 철벽같은 장성도 외부 침략이 아니라 내부 분란으로 몰락한다는 사실을 연암은 아래와 같이 기술하고 있다.

"오호라, 몽염이 만리장성을 쌓아 오랑캐를 막는다 했으나 정작 진나라는 시황의 아들 호해에 의해 망했고, 서달이 산해관을 설치하여 오랑캐인 여진족을 막으려 했으나 오삼계가 산해관 관문 열어 맞이하기에 급급했다. 지금은 한갓 여행객이나 붙잡고 세금이나 챙긴다고 비웃음 사고 있으니 내가 산해관에 대해 족히 무슨 말을 할 수 있을까.

"차로 20여분 거리에 있는 맹강녀(孟姜女) 묘로 향했다. 맹강녀 이야기는 만리장성에 얽힌 대표적인 전설이고 '양산백과 축영대' '백사전' '견우직녀'와 함께 4대 전설 중 하나이기 때문이었다. 장성을 쌓을때 동원 되었던 남편을 찾아 아내 강녀가 어린 자식들과 함께 수천리 길을 찾아 왔으나 남편은 이미 죽어 성벽 아래 묻혀 있음을 알고 울다가 돌이 되었다는 고사가 있는곳.

각산산성 올랐다 내려오니 정문에 우리를 태워준 택시 기사가 헤어진지 1시간반 이나 지났는데도 기다리고 있었다. 다시 산해관역으로 돌아갈 손

님일 것 같아 기다렸다고 한다. 기차 탈 시간이 40분 이상 남을것 같아 맹강녀 사당을 30분내 돌아 보고 가기로 50위안에 흥정했다. 서로 참 운 좋은 하루라고 생각하며 서둘러 둘러보고 나오니 차는 있는데 기사가 없지 않는가. 주변에 수소문 했으나 아무도 아는 사람이 없었다. 갈수 있는 마지막 버스도 떠났다. 20분을 초조하게 더 기다리다 기차 시간에 늦을것 같아 다 망가진 차를 애걸하여 겨우 역으로 향할 수 있었다. 흥정했던 50위안 차비도 주지 못했는데.

맹강녀상

산해관 제3관 천하제일관 글자 한 획이 1.6m가 넘으나 조그맣게 보인다.

만리장성이 바다를 만나 치솟은 모습이 용의 머리 같다고 해 라오롱토(老龍頭)라 부른다.
규모가 난공불락처럼 보인다. 연암은 적은 내부에 있다고 일갈한다.

사당 맹강녀묘

망부석

연암 일행이 건륭제를 만난 쓰즈수우(四知書屋).

건륭제가 반선을 위해 지었다는 라마산장
연암이 건륭제의 권유로 반선을 친견하고 선물로 불상을 받았다는 사찰이다. 안 가져가면 황제에게 난리고 가져 가면 유교국 도리에 어긋나니 진퇴양난, 그래서 압록강에다 아무도 모르게 처리했다고 들었다. 사찰 관계자 만나 반선 만난 연암에 대해 아느냐고 물어 보았다. 아무도 몰랐다.
연암 일행이 건륭제를 만나며 아홉번 머리 조아렸다는 사지서옥(四知書屋)에서도 아는 이가 없었다.

봉추산 경추봉은 상재의 엄지 손가락이라 불린다고 적혀 있다. 황제의 여름 별장 피서산장 에서 가까워 연암도 언급한 바 있다. 38.29m의 남근석 이란다. 모르고 찍은데 젊은 여성이 환호하는 모습이 들어 있었다.

연암에게 불상을 선물했다는 라마승 반선, 봉추산 보산사(寶山寺)에 모셔져 있다.

18 열하일기 열하 청더(承德)　　　　　　　　　2019.8.3.

피서산장 현액은 건륭제의 친필이고 몽고족 위무 차원의 전략적 여름 별장이었다.

　　청더(承德)남역(南站)에 도착 하자마자 현지 여행사 직원과 흥정이 시작된다. 차량 안내 이틀에 1인당 60위안 제의 받았으나 35위안에 합의했다. 당일 오후에 피서산장, 다음날에 라마산장, 경추봉(磬錘峰), 보산사(寶山寺), 괴성루(魁星樓), 홍문전(弘文典)을 관람 하기로 하고.

불심 깊은 건륭제의 유화 초청정책으로 티베트(西藏)에서 1년 넘게 걸려 조선의 사신들 보다 20일 빨리 이곳에 온 반선(班禪)은 1780년에 건립한 라마사원 행궁에서 6개월 주석한 후 북경으로 가 주재하다가 세상을 뜬다.

건륭황제의 칠순 고희연 축하 사절로 간 연암 일행이 먼저 이곳으로 와 반선을 친견해야 했고 불상을 선물로 받았다는 얘기를 전해도 아무도 아는 사람이 없다. 봉황성, 피서산장에서 물어도 마찬가지 였다. 박지원 기념비도 찾을길 없었다. 연암은 스쯔수우(四知書屋)에서 우리 사절단이 황제를 만났다고 적고 있는데.

연암이 기록하고 있는 열하(承德) 이야기를 살펴보자.

5월25일 한양을 출발 8월1일 드디어 연경에 도착했다. 예부로 가서 황제에게 올리는 글을 바치고 4일 까지 평온하게 시간을 보냈다. 그러나 건륭제의 고희연이 열하에서 지낸다 하지 않는가. 어떤 사람은 이제 카이카이(開開)라며 운다. 카이카이란 말은 목이 달아 난다는 말이다.

8월5일 사절단을 줄여 연경(북경)에서 동북으로 420리 떨어진 열하로 향했다. 나흘밤을 꼬박 새워 8월9일 열하에 도착 태학관에 머물렀다. 건륭제를 알현 하기 전 티베트 승려 반선 부터 고두례로 친견하고 오라고 해 실랑이가 있었다. 운 좋게 8월11일 사신과 통사(통역)를 들라 한다.

모두 길게 무릎을 꿇고 엉덩이를 들고 기어서 나갔다. 황제가 `조선 국왕은 평안하신가' 물었다. 사신은 공손히 `평안합니다' 라고 대답했다. 또 황제가 `만주어를 할 줄 아는 자가 있는가' 라고 물었다. 상통사가 `대략 이해합니다' 라고 만주어로 대답했다. 황제가 측근을 바라보며 기뻐하며 웃었다.

8월14일 열하 문묘의 대성전을 배알하고 북경을 거쳐 귀국했다, 모든 의전은 청 황실의 지시를 따라야 했다.

19 무이구곡과 무이정사(武夷精舍)

2024.3.30.

금계동(金鷄洞),대장동 암벽 아래에 있는 동굴.
새벽을 알리는 금닭이 울었다고 한다.

    강풍에 비가오고 안개가 짙게 깔렸으나 출국하지 못할 거라 생각지는 못한 채 일찍 공항에 도착했다. 11시쯤 되니 상해에서 이륙한 비행기가 김해공항에 착륙하지 못하고 회항했다고 한다. 오후 4시반이 되니 오늘 상해행 비행기편은 모두 취소 되었다고 통보한다. 억수같은 비를 뚫고 대구로 올라가 대구공항에서 다음날 12시 비행기를 타야만 했다.

    무이시에서 1박 후 차밭 넘어 떠오르는 일출을 보며 상쾌하게 출발했는데 비가 뿌리기 시작한다. 가이드의 표정도 긴장된 듯하다. 우비를 입고 뗏목선에 올랐는데 신기하게도 비가 그치고 신록으로 단장된 계곡은 산봉우리 마다 옅은 구름을 피어 올리고 있었다.

    구곡(九曲)에 들러서기 전부터 절경인데 구곡 바위에 세상 천하에 별천지(人間別有天)란 시문이 새겨져 있다. 팔곡 거쳐 칠곡에 들어서니 앞 뒤를 돌아보며 사진 찍기가 바빠진다. 연록색 계곡에는 고기들이 노닐고 산닭까지 내려와 먹이를 찾고 있다.

    육곡(六曲)의 하이라이트는 천유봉(天遊峰), 구곡을 가장 잘 조망할 수 있는 정자가 있어 사람들이 오르는 모습이 개미떼 같다. 오곡에는 무이정사가 있고 무이구곡가가 새겨져 있다. 이곡(二曲)부터는 옥녀봉(玉女峰)과 대왕봉(大王峰)이 마주하며 애달픈 사랑 얘기를 들려준다. 경치가 가장 빼어난 곳이다. 무이구곡을 대표하는 사진은 대부분 여기서 나온다. 일곡(一曲)으로 들어서면 이내 물살이 순해지며 편안하게 선착장으로 유람객을 안내한다.

무이산 하면 주자(朱熹 1130~1200) 선생이 성리학을 완성한 무이정사를 빼놓을 수 없다. 정사는 사당(廟)없이 공부하는 곳. 무이정사를 찾기 전 까지는, 주자가례(朱子家禮)를 만들어 여성들에게 굴레를 씌우고 조선에 유교를 전파하여 폐쇄 사회를 만들게 한 유학자로 치부했다.

그러나 주자는, 공자의 이론유학을 실천유학으로 체계화한 분으로 인간의 본성이 성(性)이고 우주만물의 이치가 리(理)인데 성과 리는 같다. 본성을 잘 보전해서 만물의 이치에 일치하면 성인이 된다. 일상 속에 도가 있고 도를 실천하면 성인이 될 수 있다고 설파했다 한다.

유람객을 실어 나르기 위해 대나무 뗏목선이 줄지어 서 있다. 9.5km 유람에 1시간반이 걸린다.

비 개고 구름 피어 오르는 무이계곡 구곡(九曲)에서 내려가며 유람한다.

맞은편 계곡 바위 위 정자가 일람정(一覽亭), 일람정 왼쪽 꼭데기가 천유봉.
일람정 아래 계곡 왼쪽 끝에 유람객 태운 뗏목이 조그마하게 보인다.

무이산의 9곡계를 가장 잘 조망할 수 있는 천유봉과 그 아래 선착장.
신선의 손바닥이라 해서 선장봉이라고도 한다.

사진을 확대해 보면 바위 중간에 일람정(一覽亭)이 있고 꼭대기 천유봉을
오르는 유람객이 실처럼 휘감고 있다. 깍아지른 848계단을 올라야 한다.

무이계곡의 대표적 절경 옥녀봉(玉女峰) 옥녀봉 왼쪽에 면경대가 있어 대왕암에 얽힌 애절한 이야기를 들을 수 있다.

무이 오곡(五曲)

물외(物外)석각 현실세계의 바깥 세상이란 뜻이다.

먹이 찾아 계곡에 내려온 산닭

무이 5곡에 있는 무이정사 입구 아래 왼쪽에 주자의 동상이 있고 오른쪽에 무이정사(武夷精舍) 대문이 보인다. 주자는 1183년부터 이곳에 무이정사를 짓고 수학하며 강론했다.

무이정사 건물 문두에 적힌 현판 학달성천(學達性天)은 청나라 강희 황제가 성리학을 전승하고 인재를 양성하는데 기여한 무이정사의 공로를 치하하며 하사한 것이다.

이학의 정종(正宗)이란 편액이　　　　　　　　　　　　　　　　무이정사 기숙사 유적
주자의 위치를 말해 주고 있다.

20 흉노족 훈족 몽골   2024.7.24.~27.

어릴적엔 모두가 몽고반점이 있다는게 신기했다. 최근에는 CNN을 통해 젊은 인구가 특히 많다는 광고를 자주 접하게 되어 호기심이 컸다. 2000년 통계에 의하면 14세 미만의 인구가 31.5%나 되고 64세 이상 인구는 4.1%에 지나지 않는단다. 한반도의 7.4배 면적에 인구는 고작 330만, 그것도 절반 이상이 수도 울란바타르에 모여 산다. 13세기에는 징기스칸에 의해 유라시아에 걸친 역사상 가장 거대한 국가를 건설한 나라였다.

한(漢)나라 원재가 후궁 왕소군(王昭君)을 바칠 정도로 강했던 흉노(BC 3C말~AD 1C말)의 후예가 훈족(4C~6C)이고 게르만 민족을 라틴 유럽으로 밀어내고 로마 제국을 멸망에 이르게 한 그 훈(HUN)족의 고향이 한국이라고 기술한 책도 있단다. 다큐맨타리 채널 DISCOVERY 와 독일의 ZDF에서 방영된 내용에 훈족을 고구려에서 뻗어 나온 세력이라 했다니 흥미가 더했다.

흉노, 선비, 돌궐, 거란등 유목민들이 흥망성쇄를 이어갔으나 몽골하면 가장 먼저 생각나는 것은 칭기즈칸일 것이다. 고작 15만명의 군사로 25년간 정복한 땅은 로마제국이 400년간 정복한 땅보다 넓었고 알렉산드, 나폴레옹, 히틀러 등 정복자가 차지한 땅을 합친 것보다도 넓었다.

몽골인들이 독립기념일(1923년)인 7월 11일에 개최하는 '나담' 축제의 기원은 당연히 칭기즈칸이 몽골초원을 통일한 1206년으로 거슬러 올라 간다. 남자들의 세가지 경기 즉 말타기, 씨름, 활쏘기가 주로 행해지는데 원래 유목민들이 흉노때부터 즐겨하던 놀이였다. 전 세계를 공포에 몰아 넣었다던 유럽의 시선과는 달리 자랑스러울 수 밖에 없는 축제로, 몽골 군대가 들고 다닌 9개의 흰 깃발 '차강 유승 술드'를 앞세우고 시작한다. 큰깃발은 당연히 칭기즈칸을 상징한다.

몽골 전통 게르 내부 모습

몽골 전통 민속공연

칭기즈칸이 17세때 여러 부족과 함께 출전하다가 행운의 채찍을 주운 장소에 세운 46m 높이의 그의 동상. 말머리로 사람들이 올라갈 수 있게 설계되어 있다.

한가로이 풀 뜯고 있는 쌍봉 낙타들. 말, 소, 양,
야크들이 서로의 영역을 지켜가며 살고 있다.

21 울란바타르와 이태준기념관

2024.7.24~7.28

채체군봉, 태를지 엉거츠산, 열트산,

걷는 것은 자신 있었다. 그러나 최근 10여 년간 산행해 본 경험이 없었고 2,258m나 되는 채체군 고산을 오른다는 사실을 간과하고 있었다. 오늘따라 비가 내려 산행로 곳곳에 넘어져 있는 고목을 피하며 미끄러 지지 않고 나아 가기가 너무 힘들다. 여기저기서 넘어지니 조심하라는 소리가 들린다. 날씨 마져 저체온증을 우려할 정도로 너무 추운데다가 비구름 안개로 인해 산 조망하는것도 불가능 했다.

정상에 오를 수 없어 정상 이정표만 보고 서둘러 하산하니 다행히 비가 그치고 끝없이 펼쳐진 야생화 트래킹 길이 유네스코 자연유산 지역임을 실감나게 한다. 산 높이를 달리하며 펼쳐진 환상적인 야생화 단지를 사진에 담아 보나 너무나 미흡하다. 비온후 야생화 군락은 벌 등 곤충들이 찾아와 생기마져 듬뿍 하다. 7시간에 걸쳐 15km 산길을 걸었으나 피로를 잊게 만드는 천상화원의 세계였다.

태를지 국립공원에서 숙박하고 다음날 2,016m 엉거츠산을 올랐다. 큰바위 얼굴 같은 바위산이 교향악 연주하듯 곳곳에 솟아올라 감탄의 연발이다. 이렇게 광활한 안계는 마주한 적이 없다. 날씨마저 맑아 구름, 산, 바위, 야생화가 서로 경쟁하듯 자태를 뽐내는 천국 같았다. 열트산은 채첸궁과 엉거츠산을 믹서 해놓은 것 같다.

광활한 몽골은 350만 인구가 8천만 마리의 말, 소, 양, 낙타, 야크와 함께 산다. 러시아 중국 북한 순으로 수교했으나 지금은 곳곳에 영어 간판이 있고 CU, GS25는 물론 이마트도 4호점까지 있다. 가라오케에는 한국노래 책도 준비되어 있다.
많을땐 하루에 9편의 비행기가 편성되어 1,500명의 한국인들이 몰려 온단다. 이곳에 까지 오셔서 독립운동 하다가 순국하신 몽골의 슈바이처 이태준 선생 기념관은 둘러보고 와야 한다.

함안 군북 출신인 이태준 선생은 세브란스의학교를 나와 안창호의 권유로 비밀청년단체인 청년학우회에 가입한다. 이후 중국으로 망명하고 난징에서 김규식과 상의 끝에 몽골(고륜)에서 동의의국을 설립하고 독립운동 자금을 지원하다 39세에 순국한다. 여운형 선생은 몽고사막 여행기에서 "이땅에 오직 하나인 이 무덤은 이땅의 민중을 위한 조선 청년의 헌신과 희생의 기념비이다"라고 적었다.

17세 때 여러 부족과 함께 진군 하던 중 행운의 상징인 말 채찍을 주어, 세계사에 가장 넓은 땅을 정복한 칭기즈칸이 46미터 동상이 되어 관광객들을 맞이하고 있었다. 몽골은 넓었다. 몽골 수도 울란바타르에서는 공해로 인해 끝없는 평원에서 쏟아지는 별과 은하수는 볼수 없었다.

유네스코 자연유산 TSETSEE GUN 산 정상(2,258m) 이정표

하늘에 제사 지내는 신성한 산 체체궁붕은 비구름, 안개에 가려 사진에도 제대로 담을 수 없어 아쉬웠다.

곰이 출몰하는 지역임을 알리는 야생화 트레킹길

야생화가 높이를 달리하며 펼쳐내는 산의 근경과 원경. 저체온증 걱정하며 올랐으나 내려올땐 화원세상이었다.

야생화와 고사목 사이로 펼쳐져 있는 안계(眼界)는 사방으로 무한했다. 푸른하늘, 흰구름, 꼭 있어야할 곳에 있는 작품같은 바위군, 군데군데 자라는 수목들, 초원 위 흰점같은 게르와 풀 뜯는 동물들이 흐트러짐 없이 조화를 이루어 엉거츠산 정상은 천상의 세계 같았다.

테를지 국립공원 엉거츠산(야마트산 2,100m)에 있는 성황당(오보)제단에 말, 소, 양, 야크, 낙타등 그들과 함께하는 동물들이 모셔져 있었다. 시계방향으로 돌며 기원했다.

체체궁산 야생화 트레킹 길에서
만난 야생화의 일부분.

경남 함안 출신으로 세브란스의학교를 나온 이태준 선생은 도산 안창호 선생의 청년학우회에 가입한 이래 중국을 거쳐 김규식 선생과 의논 후 몽골 고륜(울란바타르)에 비밀 군관학교를 설립하기로 하고 울란바타르에서 독립운동을 하시다가 39세에 순국, 몽골 초원에 잠들어 있다. 신의(神醫)로 알려진 '까우리(고려) 의사' 이태준 선생은 몽골 황제 어의도 했다. 맨 끝 사진은 옛 군북역에 건립된 대암 이태준 기념관.

22 영덕이 숨겨놓은 전통문화   2024.10.19.

　　록명헌에 '청산은 나를 보고 말없이 살라 하고 창공은 나를 보고 티 없이 살라 하네' 족자가 걸려 있다. 이 선시가 영덕 장육사(莊陸寺)에 오고 나서야 나옹선사가 남기신 것이란 사실을 알고 부끄러웠다. 창수면에 있는 장육사는 고려 공민왕 왕사였던 나옹선사가 1355년에 건립한 사찰이다. 운서산 깊숙히 자리한데다 몸을 낮추어 지어 포근하고 품위가 있었다.

　　나옹선사는 인도 승려 지공(指空)이 머물렀던 원나라로 가 공부한 후 무학대사를 가르쳤다. 고려말 선풍을 진작시킨 지공, 나옹, 무학을 삼화상(三和尙)이라 불렀다고 한다. 입구에 있는 홍원루가 독특하거니와 나옹스님이 직접 토굴을 지어 공부한 터에 지은 홍련암에는 고승 세 분의 진영이 모셔져 있어 환희로웠다.

　　무어니 해도 가장 소중한 보물은 관음전에 모셔진 건칠 관음보살상 일 것이다. 기본틀 위에 종이를 여러겹 덧붙여 형태를 만들고 그 위에 금물을 입힌 것으로 1395년에 만들었다고 한다. 홀로 들어가 어머님 같은 보살상을 가까이 친견하며 여러장의 사진을 담는 감동을 누렸다.

　　장육사 인근 갈천리에는 국가민속문화재인 화수루, 청간정, 까치구멍집이 있다. 단종의 외삼촌인 권자신이 단종의 복위를 도모하다 멸문되고 유일하게 살아남은 어린 조카 권책이 유배되어 여생을 보낸곳. 단종이 복위되자 서원을 세우고 사육신과 함께 배향하였으나 대원군의 서원 철폐령으로 철거되고 지금은 화수루와 청간정만 남아 있다. 화수루 앞 냇물을 옥천으로 불러 옥천재사라고도 한다. 까치구멍집은 화수루를 지키기 위한 부속 초가 민가.

목은 이색의 탄생지 영해면 괴시리에는 영양남씨 집성촌 괴시리 전통마을이 있다. 함창김씨가 처음 입주한 이래 수안김씨, 영해신씨, 신안주씨들이 거주하다가 1630년 부터 영양남씨가 처음 정착하였는데 조선 중기 이후부터는 영양남씨 집성촌이 되었다. 조선 후기 영남지역 사대부들의 주택 양식을 간직하고 있는 민속마을이다.

창수면 인량길에는 600년 역사를 이어온 인량전통마을이 있다. 8개 성 12종가가 삼한시대 우시국의 도읍이었다는 사실을 내세우며 나라골이란 지명을 즐겨 사용한다. 안동권씨 영해파 입향조 권책의 종택 오봉헌을 비롯하여 고택이 즐비하다. 문화재로 지정된 가옥이 9채나 되는데 그곳들의 고목들을 둘러보는 재미도 있다.

나옹선사가 창건한 장육사는 창건주의 정신을 이은 듯 포근하고 정갈했다.

고려말 선풍을 진작시킨 나옹선사

종이를 여러겹 덧붙여 그위에 금물을 입힌
보물 건칠관음보살좌상
약간 고개를 숙인듯한 소박한 모습을 가까이
에서 친견하며 어머님을 뵌 듯 환희로웠다.

국가민속문화재 화수루와 부속 초가 까치구멍집

장육사 운서산방(雲棲山房) 편액이 걸린 홍원루

괴시리에 있는 一자형 정자 괴정 고려말 유학자 목은 이색을 기려 지었다.

왼쪽에 벽산정이 보이고 벽산정 앞뜰은 넉넉하다. 1450년대 영해 입향조인 오봉 권택이 거주하던 곳으로 솟을 삼문과 오봉헌 사당을 잇는 중심축에서 우측에 종택이 있다

청백리로 명성이 높았던 강파 권상임이 건립한 강파헌 인량마을에 있다.

23 포항 분옥정(噴玉亭)과 용계정(龍溪亭)   2024. 8.30.

어제 포항 기계면 분옥정과 기북면 용계정이 보물로 지정되었다는 뉴스를 접했다. 학창시절 기계에서 왔다는 유학생과 함께 하숙하면서 호기심을 가졌던 지명이라 서둘러 가보고 싶었다. 일본으로 상륙한 태풍 여파로 비를 뿌린다는 일기예보가 있었으나 비가오면 계곡물은 세찬 소리까지 더할 터.

분옥정은 경주김씨 문중 정자로 정자 앞 계곡 돌에 부딪힌 물방울이 옥구슬을 뿜어 내는듯 하다하여 지어진 이름으로 용계정사(龍溪精舍)란 현판이 붙어 있다. 난세를 떠나 이곳에서 후학을 가르치며 은유자적했던 돈옹공 김계영선생의 정자는 용계천 천변에 3칸의 누마루를 짓고 뒷쪽에 2칸 온돌방을 넣은 T자형 정자이다. 용계정사 현판은 추사의 아버지 유당 김노경이 썼고 추사 김정희가 쓴 것으로 알려진 분옥정과 청류헌 현판이 있다고 한다.

450년 소나무가 용트림하는 기상으로 분옥정을 지키고, 만개한 상사화가 좋은 세상과 만나지 못한 선생을 상징하듯 홀로 피어 고고한데 후손이 번역한 선생의 시비가 그 고뇌를 대변하고 있었다.

용계정을 지키고 있는 여강 이씨 집성촌 덕동마을은 마을 초입부터 격이 달랐다. 마음이 급해 용계정 쪽문으로 들어가니 개울에 걸린 홍교 이름이 통허교(通虛橋)다. 텅 빈 그곳이 영원히 변하지 않는 자리라는 뜻이리라. 1696년에 지어진 용계정은 1778년에 증축하고 1871년에 서원철폐령이 내려지자 하룻밤 사이에 세덕사와 담을 쌓아 화를 면했다 한다. 회재 선생의 독락당을 닮았다고 생각 했

는데 과연 이곳에 세거지를 튼 사의당 이강은 회재 이언적의 동생 농재 이언괄의 4대손이었다.

마을의 풍수지리를 보완하기 위해 조성한 수구막이 숲이 호산지당 생태연못과 어울려 천천히 사색하며 산책하기 좋은 이곳은 명승이다. 이 마을은 양반가의 후손들이 살고 있어 가게가 없고 모두 15촌 내 집안들이라 담장이 필요없다는 것을 자랑으로 여긴다고 한다.

30여 가구가 전통을 이어가는 이곳의 가옥들은 세심히 탐방할 필요가 있다. 애은당, 사우정, 여연당, 덕계서당, 등록문화유산 근대가옥등. 남쪽에선 흔치 않는 ㅁ자 안마당을 보기위해 이원돌(88세) 선생의 여연당 고택도 들어가 사진으로 남겼다.

분옥정 정자 앞에 흐르는 물의 형상이 용과 같다 하여 용계정사란 현판을 걸었다. 1820년 (순조20) 돈옹공 김계영의 덕업을 찬양하기 위해 문중에서 건립했다.

오래된 향나무 곁에 상사화가 피어있어 고뇌했을 선생을 떠올리게 한다.

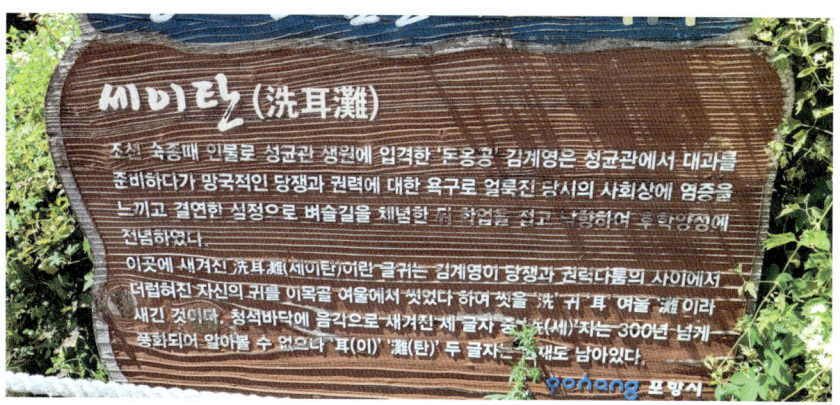

당쟁과 권력으로 얼룩진 세태를 비판하며 낙향한 후, 더렵혀진 귀를 이곳에서 씻었다는 세이탄

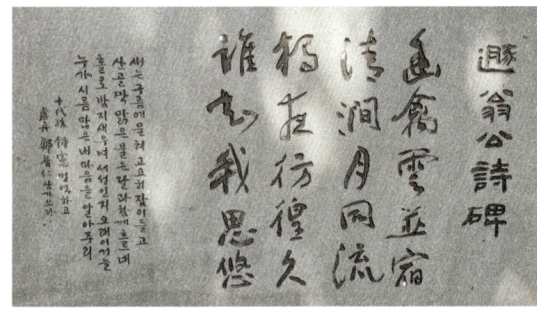

새는 그윽한 곳에 구름과 함께 자고
맑은 시냇물은 달과 같이 흐르네
홀로 이밤이 길어 어정거리니
누가 나의 깊은 마음을 알리요

- 김계영 시

용계정 정문 층대와향(層臺臥香) 고목들이 우거져 있고 서원 철폐 소식에 급히 담을 친 흔적들이 남아 있다. 이곳에서 수구막이 숲과 호산지당으로 이어진 명승이 펼쳐진다.

수련, 부레옥잠, 자미홍이 꽃을 피워내며 푸른하늘을 담고있는 호산지당

용계정 쪽문 앞에 만들어진 홍교
통허교(通虛橋)라 이름 붙어 있다.

용계천 천변에 -자형으로 3칸의 누마루를 지어 흐르는 물을 완상하게 하고 뒷쪽으로 2칸의 온돌방을 넣은 T자형 정자다. 분옥정 현판은 추사 글씨

등록문화유산 근대한옥 태고와(太古窩) 근대기 한옥의 특징을 잘 보여준다.

여연당(與然堂) 고택 임진왜란 때 정문부의 식솔들의 피난처로 사용된 곳으로 현 소유자 이원돌 선생은 정문부의 손서 이강의 9대손.

여연당 고택은 남쪽에서는 보기 드물게 ㅁ자형 안마당이 있다. 내부가 너저분하다며 손사레 치는 이원돌 선생께 간청해 일부를 사진에 담을 수 있었다.

용계정과 덕동숲은 2011년 8월 명승으로 지정된 곳으로 산책 명상하기 좋다.

24 성북동 길상사 심우장 수연산방   2025.3.2.

'백석평전'을 읽고 안도현 저자를 만나고, 백석의 해방이후 삶을 그린 이윤택 의 '백석우화'연극도 봤다. 법정스님 친필 사인이 있는 '산방한담' 책도 있다. 모두 오래된 추억이다. 이번엔 그분들의 삶이 녹아있는 길상사를 찾아간다.

당대의 모든(mordern)보이로 잘 생긴 외모, 패션까지 멋진데다 영어를 전공하고 시를 쓰는 지성인 백석이, 결혼을 하고도 번번히 뛰쳐 나와 함께 한 여인은 자야(子夜) 김영한이었다. 1935년 12월 23일, 김영한은'조선권번 기생 한 사람이 종로경찰서를 찾아가 요릿집에서 고달프게 번 돈 65원 32전(5백만원 정도)을 성금으로 내 놓았다'고 동아일보에 소개된다. 이때 백석은 조선일보에 등단하고 한국문학사에 큰 획을 긋는 시집 '사슴'을 선 보인다.

이후 백석은 함흥으로 가 영생여고보에서 영어를 가르치게 되는데 이때 연출한 연극이 대성공하게 되어 회식하러 간 요릿집 함흥관에서 김영한을 운명적으로 만나게 되고 평생 함께 할 것을 다짐한다.

가난한 내가
아름다운 나타샤를 사랑해서
오늘밤은 푹푹 눈이 나린다.

이후 자야는 백석과의 관계를 정리하려고 중국 상해로 떠났으나 달포만에 경성으로 돌아온다. 1939년이 저물어가는 그날 밤 백석이 찾아와 함께 만주 장춘으로 떠나자고 했으나 자야는 단호히 거절한다. 이것이 백석과 자야의 마지막이었다. 해방이 되어 백석은 고향인 정주로 돌아가고 삼수군 관평리 협동조합 축산반에 배치된다. 1962년 부터 시인으로서 백석의 역할은 끝이 나고 1996년 작고한다.

백석의 연인으로 남쪽에 남은 자야 김영한은 서울 성북동에 '대원각'이라는 큰 요정을 경영한다. 한국전쟁 피난시에도 거물 정치인과 기업인들의 출입이 빈번했다. 1996년 대원각 부지 7,000여 평의 땅을 법정스님에게 시주하게 되고 그곳에 사찰 길상사가 건립된다. 1,000억 규모의 대원각

3.1운동 민족대표 이자 <님의 침묵> 의 시인인 한용운 선생이 살았던 심우장(尋牛莊)
왼쪽에 붙은 현판은 오세창이 썼다. 조선총독부와 마주하기를 거부하여 북향으로 집을 지었고 1944년 이곳에서 입적했다.

이 아깝지 않느냐는 기자 질문에 "백석의 시 한 줄보다 못해"라고 답한다. 1997년 김영한은 창작과 비평사 주관으로 백석문학상을 제정하기도 했다. 법정스님은 김영한 에게 길상화라는 법명을 준다.

만해 한용운 선사가 기거 했던 심우장은 검박하고 심오하여 길상사에서 산란해진 마음을 추스리기 좋은 곳이었다. 위창 오세창이 쓴 현판이 독립을 못보고 입적하신 만해의 삶을 대변하고 있었다. 정지용 선생과 이 상 시인의 티격태격 일화를 남겼던 순수문학의 기수 이태준 선생의 수연산방 누마루에 앉아 쌍화차를 천천히 음미해 본다.

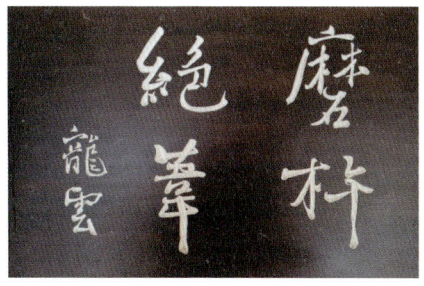

마저(磨杵)는 절구공이가 갈고 닳아서 바늘이 되었다는 뜻이며, 절위(絶韋)는 책을 묶은 가죽 끈이 닳아서 끊어져 버렸다는 뜻이다. 제자에게 써준 만해의 글씨이다.

함흥 영생여고보 영어 교사 백석(白石)

함흥관 기생 자야(진향)

길상사 진영각애 모셔진 법정 스님 사진과 유품
스님은 2010년 이곳 행지실(行持室)에서 무소유의 삶을 마감한다.

법정(法頂)

무소유란
아무것도 갖지 않는다는 것이 아니라
불필요한 것을 갖지 않는다는 뜻이다.
우리가 선택한 맑은 가난은
부보다 훨씬 값지고 고귀한 것이다.

해남 우수영 법정스님 생가 기념관 "빠삐용 의자"
인생을 낭비한 죄란 영화대사에서 착안 의자 이름을 작명했다.

1933년 '구인회'라는 모임이 결성된 이태준 선생의 문향루(聞香樓) 수연산방

수연산방(壽硯山房) 현판을 추사 글씨를 집자해 만들어 벼루가 다 닳을 때까지 글을 쓰겠다는 다짐을 담았다.

보존을 위해 네사람 이상 들어가지 못하게 하는 수연산방 누마루, 저명 문인들의 사랑방이었다.

25 박태준 기념관과 반구대 천전리 벽화   2024.5.12

  갯내음 짙은 임랑 해변 박태준(朴泰俊) 기념관 입구에 가면 이어령 선생이 "우리가 지금 높은 베개를 베고 잠들 수 있는 것은 철의 공장에 쏟은 님의 피와 땀이 있었음이며 품에 아이를 안고 사람마다 내일의 꿈을 키우는 것은 학교를 세워 지식의 텃밭을 넓히신 님의 덕이었나니."라고 적고 있다.

"국가의 부름을 받고 영일만에 모였을때 우리는 아무것도 없는 빈손이었습니다. 모든 산업의 기초소재인 쌀과 같은 철을 생산해 제철보국(製鐵保國)해야겠다는 신념으로 모든 부정적 논리를 뒤로하고 건설에 박차를 가했습니다."

제철소 구경 조차 한 적 없는 38명과 함께 착공 3년 3개월만에 마쳤고 조업 첫 해인 1973년 매출액 1억달러 순이익 1,200만달러를 냈다. 통상대신(通商大臣) 시절 포항제철을 방문했던 나카소네 야스히로 전 일본 총리는 "내가 가장 인상 깊게 느낀 것은 종업원들이 너나 없이 마음으로부터 박태준을 따르고 있다는 것이다. 나는 도저히 표현할 수 없는 감명을 거기서 받았다."고 회고했다.

그분의 리더십 근간은 청렴결백이었다고 황경로 포스코 회장은 증언한다. 1962년 박정희 국가재건최고회의 의장이 준 하사금을 합쳐 집을 마련하기까지 8년 새 15번 전셋집을 전전했다. 38년간 살던 집을 2000년에 팔아 생긴 돈 14억 5천만원 중 10억원을 아름다운 재단에 기부하고 73세에 다시 전세살이를 했다 한다.

박태준은 박정희대통령 묘소 앞에 찾아가 두루마리 보고서를 펼치고는 "각하! 불초 박태준, 각하의 명을 받은 지 25년 만에 포항제철 건설의 대역사를 성공적으로 완수하고 삼가 각하의 영전에 보고를 드립니다."라며 울먹였다.
민족문학작가회의 고문을 지낸 조정래 소설가도 현충원 영결식장에서 "박태준은 한국의 간디이다, 나는 그를 마하트마 박으로 부르고 싶다,"라고 말했다.

머리 상단에 '돌격(突擊)! 11월30일 이전 취련(吹鍊)' 이란 각오가 새겨져있다.

임랑에서 멀지않은 울주군 언양읍 대곡리 계곡에 포은 정몽주를 기리는 반고서원 유허비가 있고 반구대(盤龜臺)가 있다. 천변 안벽에 신석기 청동기 시대에 짐승을 잡는 사냥꾼, 어부, 사슴, 호랑이, 멧돼지, 고래등 300여점의 그림이 새겨져 있었으나 1965년 사연댐을 건설한 이래 훼손이 심해져 지금은 식별할 수 있는 그림이 30여종에 지나지 않아 안타깝다. 특히 반구대 암각화는 새끼를 등에 업은 귀신고래, 앞뒤 색이 다른 범고래, 줄무늬가 많은 큰 혹등고래, 고래잡이 배 등이 자세히 묘사되어 있는데 영어 위키백과 포경 항목에 인류 포경 역사의 시작으로 언급되어 있고 유네스코는 2025년 7월 세계유산 목록에 등재했다.

인근 천전리 계곡에도 신석기, 청동기시대 암각화가 있는데 특히 신라시대 화랑들과 왕족들이 시기를 달리하여 방문하여 남긴 명문이 있어 감동을 준다.

박정희 묘소 찾아 '짧은 인생을 영원 조국에' 좌우명으로 25년만에 포항제철 건설 임무를 완수했다고 보고하는 박태준 선생. 그는 1987년 철강분야의 노벨상 베서머 금상을 수상했다.

박태준 생가와 기념관(숲 뒤) 앞 임랑(林浪) 포구

박태준과 많은 시간을 함께한 개잎갈나무와
해송이 있는 기념관 정원 수정원

울주 대곡리 반구대 암각화(붉은 원)

작살을 등에 꽂은 고래(노란 원)와 새끼 고래를 등에 업은 어미
귀신고래(붉은 원)등 고래 모습이 잘 나타나 있다.

그림은 주제에 따라 크게 인물상, 동물상, 수렵 어로에 관련된 도구상으로 구분되는데 고래가 가장 큰 비중을 차지하고 있다. 사슴, 노루 고라니, 호랑이, 표범, 늑대, 너구리, 맷돼지등 육지동물의 모습이 선명하다. 특히 고래는 새끼를 업고있는 어미고래나 물 위로 도약하는 모습등 매우 생동감있게 표현하고 있다. 고래 주변에 새겨진 배에는 사람들이 승선하고 있다. 신석기 말에서 청동기 초로 보는 견해가 많다. 인간이 고래를 사냥한 시기는 10~11세기로 추정하고 있었으나 대곡리 암각화는 이보다 수천년 이상이나 앞선 그림으로 인류 최초의 포경유적으로 평가 받고 있다.

붉은색은 청동기시대, 검은색은 신석기시대의 그림과 글씨이며 아래 녹색은 신라시대 명문

울주 천전리 명문(銘文)과 암각화 (9.5m*2.7m)
암각화 상단부에 새겨져 있는 마름모꼴무늬, 굽은무늬, 둥근무늬, 십자무늬, 삼각무늬의 기하학적 문양과 동물상, 인물상은 청동기시대 농경의례의 표현양식이고, 하단부에 신라시대 명문이 새겨져 있다.

525년에 새긴 원명과 539년에 새긴 추명
비를 맞지 않는 경사진 곳에 새겨 마모가 심하지 않았다.

하단부에 있는 6세기경의 신라시대 명문(銘文)에는 법흥왕 26년(539년) 동생 사부지갈문왕이 다녀간 14년만에 그의 비(妃-진흥왕의 어머니)가 남편을 그리워하며 법흥왕의 왕비와 그의 아들(진흥왕)과 함께 서석곡에 왔다는 사실과 그들을 수행한 인명들이 열거되어 있다. 문무왕의 화랑시절 이름인 법민랑(法民郞)이 있어 화랑의 심신 수련장으로 추정한다.

울주 천전리 암각화

26 조각 건축 자연의 만남 뮤지엄산(SAN)　　　2025.7.30.

"느린 걸음으로 마음을 따라 산책 하십시요. 이 만남이, 당신에게 잊혀지지 않는 기분 좋은 만남이 되길 바랍니다."

개관 10주년 행사를 했던 때 부터 기획했던 발 걸음을 오늘에야 옮긴다. 설계자 안도 다다오가 온다고 해도 부산에서 다녀오기는 쉽지 않았다. 최근 조각가 안토니 곰리가 건축가 안도와의 협업상설관 '그라운드'를 열고는 교토의 료안지 선(禪)의 석정(石庭)을 상상해 보라 하니 궁금증이 더했다.

웰컴센터를 지나 플라워 가든 워터 가든을 지나면 본관에 이른다. 종이박물관이 있는 본관은 네개의 윙(wing) 구조물이 사각, 삼각, 원형의 공간들로 연결되어 있다. SAN은 대지와 하늘을, 사람으로 연결 하고자 하는 건축가의 철학이 담겨진 산속의 문화공간. 공간(space), 예술(art), 자연(nature)의 영어 앞 세글자를 따서 만든 이름이다.

물 위에 떠있는 것 같은 워터가든 에서는 물 위를 걸으며 힐링 할 수 있고 경주 대릉원 같은 스톤가든을 산책하면 인생의 의미를 되돌아보게 된다. 젊음 지키라는 푸른사과 앞에서 사과밭 에서 뛰놀던 나의 유년 시절을 회상해 본다. 버려진 자연도 그의 손길이 미치면 감동을 줄수 있다는 희망을 본다.

제임스 터렐관은 안도 다다오가 설계한 본관 뒤편에 있는데 빛과 공간의 예술가인 그의 작품들은 사진촬영이 금지되어 있어 아쉽다. 스카이 스페이스 에서는 천정의 타원형 공간을 통해, 호라이존 룸에서는 창을 통해 절실할 때 비로소 올려다 보는 하늘을 보게 되어 있다.

길이가 700m가 넘는데다 동선이 2.5km에 달한다. 그러나 떠나는 순간 아쉬움이 남는다. 미술관에서 영국 대표 작가 안토니 곰리의 개인전 'Drawing on Space'가 열려 박수근 장욱진 이우환 김창열 백남준... 이중섭 소장품 관람은 12월 이후로 미루어야했다. 피난시절 이중섭과 함께했던 범일동 작가 박고석의 그림과 국보'초조본대방광불화엄경 주본 권6'영인본은 꼭 만나고 싶었는데..

안도 다다오는 '10년전 이고문이 직접 뮤지움 산 설계를 요청 했을때 이 산골에 누가 오겠어 했는데 이인희 고문의 예측이 맞았다. 이제는 연 20만명이 오는 문화 명소가 되었고 계속 성장할 것이라'고 자부심을 드러냈다 한다. 안도는 개관 5주년에는 '명상관'설계도를, 10주년에는 '빛의 공간'을 위한 설계도를 선물해 관람객의 치유 체험 명소가 되도록 만들었다.

사재를 털어 재단을 세우고 수집품 1,290점을 기증해 한국에서 가장 자연 친화적인 미술관을 완성한 한솔그룹 고 이인희 고문께 큰절 하고 싶다.

젤라드 맨리 홉킨스의 황조롱이 새가 비상하는 모습을 형상화 했다. 그는 크레인을 조각에 사용한 첫 예술가이다. 중간에 안토니 곰리관이 보인다.

뮤지엄 산 워터가든

경주 고분을 모티브로
한 스톤가든
부드러우면서도 강인
한 한국적 선의 아름다
움을 9개의 스톤마운
드로 구현했다.

뮤지엄 산의 상징 아치웨이

사람(人) 대지(ㅁ) 하늘(ㅇ)을 연결해 주는 공간 삼각코트

건축물은 창틀과 외부나무를 수직으로 만나게 해 자연과 인간과의 경계를 없애고 있다.

안도다오의 서명이 새겨진 푸른 사과
'청춘은 인생의 시기가 아닌 어떠한 마음가짐'이란 사무엘 울만의
시에서 영감받아 제작했다.

안도 다다오 소개와 주요작품
그는 빛이 희망이고 콘크리트는 희망을 받쳐 주는 힘이라 생각한다.

백남준의 커뮤니케이션 타워
소통의 확장을 가능케 하는 TV 표면에 여러나라 가면을 걸고 온라인에서 대화하는 현대인의 얼굴을 표현했다.

제임스 터렐관의 스페이스 디비젼
절실할 때 올려다 보는 하늘이 보인다.

명상관은 40평 면적의 돔 공간으로 스톤가든과 조화를 이루도록 설계되어 있다. 유리창을 통해 시시각각 달라지는 빛과 풍경을 담고 있다.

안토니 곰리의 드로잉과 판화 시리즈
몸 안의 의식세계를 시각화한 작품들이다.

안토니 곰리 개인전 'Drawing on Space'.
그는 인체를 끊임없이 재해석하여 전통적 조각 방식을 넘어 관객의 몸과 반응하는 감각적 촉매로서의 조각을 추구한다. 왼쪽은 나선형의 소우주를 제시하는 궤도의 영역 'Orbit Field'로 관객의 움직임도 작품이 되게 하고 오른쪽은 'Liminal Field'로 기포와 같이 가벼운 조각들이 사람과 공간을 연결하고 있다고 인식한다.

범어사의 국보와 보물

2025.4.10.

　　부산의 최고봉 금정산이 둘러싸고 있는 범어사는 신라 문무왕이 의상 대사에게 왜구의 침략을 막게할 호국사찰을 짓도록 한 것이 계기가 되었다고 한다. 임진왜란 때 승병 2천명이 집결한 곳도 범어사였다.

이 사찰 성보 박물관에는 사찰 유일의 국보가 소장되어 있는데 그 국보가 일연이 쓴 삼국유사이다. 삼국유사가 없었다면 고조선과 단군의 역사 그리고 발해와 가야의 역사를 내세우지 못했을 것이다, 그래서 최남선 선생은 삼국사기와 삼국유사 중 택한다면 당연히 삼국유사를 택하겠다고 까지 했다.

2022.11.26. 유네스코 아시아 태평양 기록유산에 등재된 삼국유사는 범어사 소장본을 포함하여 연세대학교 박물관 소장본과 서울대학교 규장각 소장본이 있는데 범어사 소장본인 1394년판은 전반부(권1-2, 연세대학교 소장본)와 후반부(권 4-5, 범어사 소장본)로 나눠져 전한다. 범어사본의 표지 안쪽에는 범어사 주지를 지낸 성월스님의 도장과 수기가 남아 있는데 일제 강점기 항일운동을 전개하기도 한 성월스님이 삼국유사를 전하는 역할을 하였다는 기록이다.

1936년 범어사 원효암 우물 보수 중 발견한 원효의 옥도장을 조계종 초대 종정 동산스님이 발견 보관해 오다가 당대 전각분야 최고 권위자 위창 오세창 선생의 검정을 받았고 지금은 성보박물관에 보관되어 있다. 이 또한 큰 자랑이다. 당시 문교부 문화국장이 확인한 동아일보 기사도 확인했다.

3.1운동 당시 33인의 한분인 백용성 스님은 범어사에 상주했고 만해 한용운은 범어사를 오가며 3.1운동을 기획했으며 출소후 범어사에서 요양했다. 1906년 범어사가 연 근대식 교육기관인 명정학교는 부산의 3.1운동을 주도했고 6.25 전쟁시에는 보제루에 영헌 안치소를 설치하여 국가 현충시설이 되었다.

올해는 동산 대종사 열반 60주기가 되는 해다. 추모 행사 일환으로 범어사 선문화관에서 열린 "사진으로 다시 보는 근현대 부산불교"출판기념회도 범어사에 흐르고 있는 이러한 호국정신을 되짚어 보기 위함일 것이다. 이 책에 독립유공자로 소개된 동봉 이인희 선생은 저의 장인으로 국가기록원, 부산근현대역사관, 부산교육역사관, 부산 항일학생 의거 기념탑에 그 공적이 올려져 있다고 이 책에 나와 있어 자랑스럽다.

부산시립박물관이 올해 광복 80주년 기념으로 부산의 독립운동과 범어사 특별기획전을 열고 1부는 '군막사찰에서 선찰대본산으로'2부는 부산 독립운동의 요람으로 범어사를 소개하고 있어 참 다행이다.

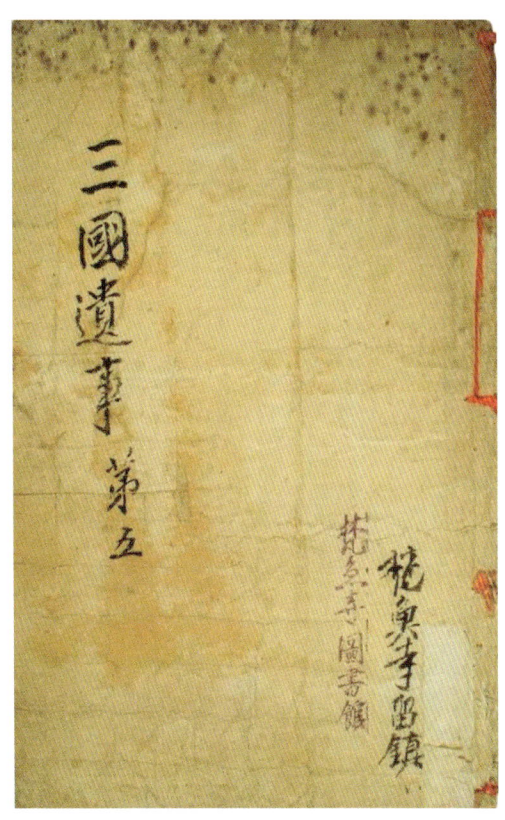

삼국유사 범어사 소장본

월명사 도솔가

삼국유사에는 14수의 향가가 전해진다. '처용가', '서동요', '찬기파랑가' 등이 여기에 기록되어 있다. 집필 당시 고려는 몽골의 침략 시기로 역사를 남겨 나라를 지키고자 한 일연스님의 뜻이 담겨 있다.

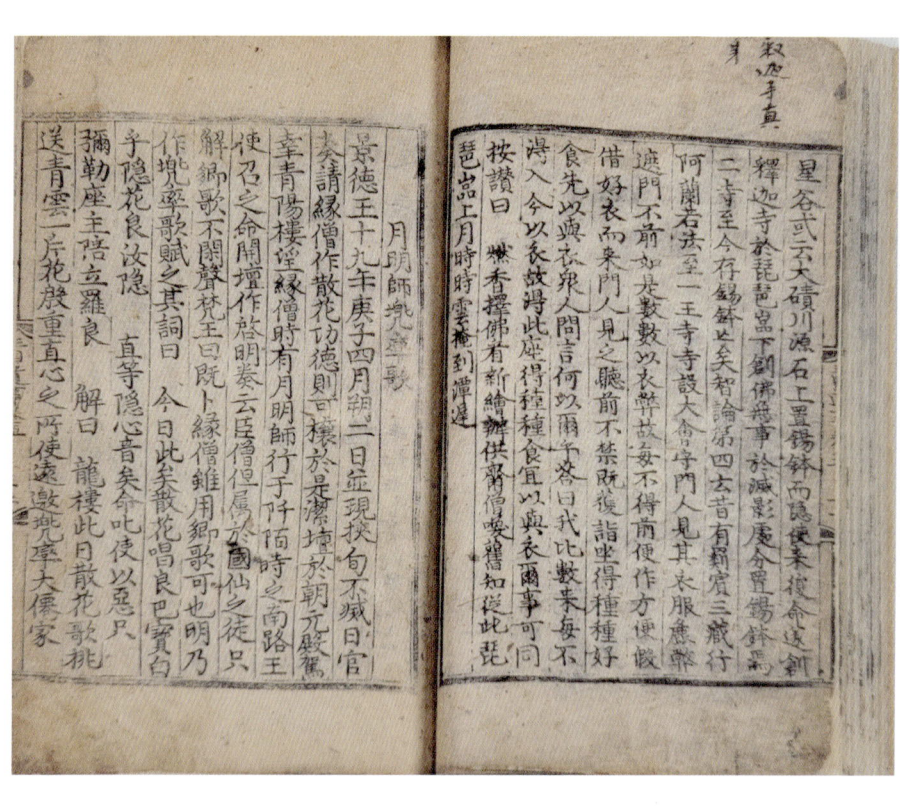

동아일보에 보도된 옥인 발굴 기사와 경주 옥돌로 만든 옥인
옥인에는 장대교망록인천지어(張大敎網漉人天地魚)라 조각되어 있다. 위창 오세창 선생은 동산 해일이 범어사 원효암 구터에서 옛 옥인을 얻었다고 썼다.

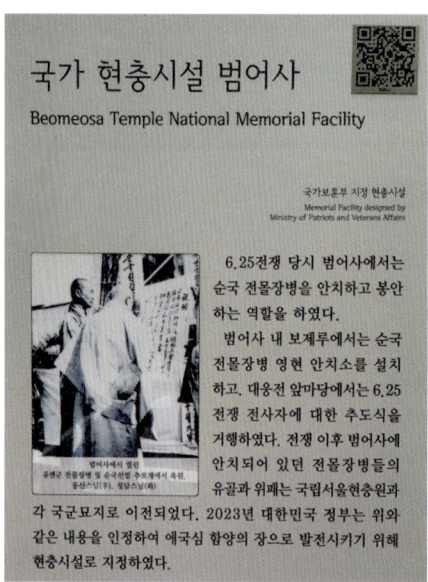

국가 현충시설 지정 인증서
6.25전쟁 시 범어사 보제루에 전몰장병 영현 안치소를 설치하였고 전후 국립현충원과 국군묘지로 이전해2023년 국가 현충시설로 인정되었다고 적고있다.

범어사 비림(碑林) 갑오갑보사단(甲午甲補寺壇)비
1947년 범어사 조계문 아래 하마비 옆에 세운 동갑 승려들의 활동을 적은 갑오갑 보사단에는 범어사 3.1운동을 주도한 애국지사 16명의 이름이 새겨져 있다. 이들은 1922년 3.1동지회를 결성하고 후학 양성을 위해 논 70마지기와 돈 5,000원을 헌납하였다. 헌납된 논은 금정중학교 이전에 사용되었다.

국가기록원 역사기록관에 보관된
이인희 선생의 학적부

범어사 주지 스님이 위원장인 "사진으로 보는 근현대 부산불교 출판기념회"에 독립
유공자 유족석에 초청된 저자(좌측 중앙 쑥색 상의)와 이인희 선생 장·차남 자부

鹿鳴軒 見賢旅行
인문을 품은 자연

©2025 정영석

개정증보판 1쇄 인쇄　2025년 10월 20일
개정증보판 1쇄 발행　2025년 10월 29일

글 사진　정영석
이메일　ysjung5200@hanmail.net

펴낸이　김윤희
디자인　배종윤

펴낸곳　맑은소리맑은나라
주소　부산광역시 수영구 좌수영로 125번길 14-3 올리브센터 2층
전화　051-255-0263　팩스　051-255-0953
이메일　puremind-ms@hanmail.net
출판등록　2000년 7월 10일 제 02-01-295 호

ISBN 979-11-93385-27-2　03980
값 18,000원

저작권 법에 따라 이 책의 내용 중 어떤 것도 무단 복제와 배포할 수 없으며,
내용의 일부 또는 전부를 재사용하려면 반드시 록명헌과 맑은소리맑은나라 동의를 얻어야 합니다.